Sprachwissenschaft für den Alltag

Hartmut Heuermann

Sprachwissenschaft für den Alltag

Ein Kompendium

Unter Mitarbeit von
Alexander Gräbner

3., aktualisierte und erweiterte Ausgabe

Bibliografische Information der Deutschen Nationalbibliothek
Die Deutsche Nationalbibliothek verzeichnet diese Publikation
in der DeutschenNationalbibliografie; detaillierte bibliografische
Daten sind im Internet über http://dnb.d-nb.de abrufbar.

Gedruckt auf alterungsbeständigem,
säurefreiem Papier.

ISBN 978-3-631-65261-9 (Print)
E-ISBN 978-3-653-04375-4 (E-Book)
DOI 10.3726/978-3-653-04375-4

© Peter Lang GmbH
Internationaler Verlag der Wissenschaften
Frankfurt am Main 2012
2., erweiterte Ausgabe 2012
3., aktualisierte und erweiterte Ausgabe 2014
Alle Rechte vorbehalten.
Peter Lang Edition ist ein Imprint der Peter Lang GmbH.

Peter Lang – Frankfurt am Main · Bern · Bruxelles · New York ·
Oxford · Warszawa · Wien

Das Werk einschließlich aller seiner Teile ist urheberrechtlich
geschützt. Jede Verwertung außerhalb der engen Grenzen des
Urheberrechtsgesetzes ist ohne Zustimmung des Verlages
unzulässig und strafbar. Das gilt insbesondere für
Vervielfältigungen, Übersetzungen, Mikroverfilmungen und die
Einspeicherung und Verarbeitung in elektronischen Systemen.

www.peterlang.com

Inhalt

Vorwort 13

Kompendium 17

    Akronym 19
    Akrostichon 19
    Akzent 20
    Allegorie 20
    Allophon 21
    Alphabet 21
    Ambiguität 22
    Amtssprache 23
    Anagramm 23
    Analphabetismus 23
    Anglizismus/Amerikanismus 24
    Antonym 25
    Aphorismus 25
    Archaismus 26

    Barbarismus und Solözismus 27
    Bibliographie 27
    Bildersprache 28
    Bonmot 29
    Buchdruck 29

    Computerlinguistik 30
    Computersprache 31

    Damnatur 31
    Deklination 32
    Dekodierung 32
    Demagogie 32
    Denglisch 32
    Denotation 33

Diachronie 34
Dialekt, Dialektologie 34
Dialog und Monolog 35
Diskurs 36
Dolmetschen 36
Drehbuch 37

Emblem, Emblematik 37
Emendation 38
Enkodierung 38
Epigraphik 38
Ethnolekt 39
Etymologie 39
Euphemismus 40
Evolution (der Sprachen) 41
Explizitheit – Implizitheit 41

Fachsprachen 42
Faksimile 43
„Falsche Freunde" 43
Fehlerlinguistik 44
Feministische Linguistik 45
Floskel 46
Fremdwörter vs. Lehnwörter 46

Genus 47
Gespräch 48
Ghostwriter 49
Glossar 49
Glossolalie 50
Graffito (meist Plural: Graffiti) 50
Grammatik 51
Graphem, Graphematik 51
Graphologie 52

Hieroglyphe 53
Homonym 53
Homophon 54
Hyperbel 54
Hypotaxe 55

Idiolekt, Idiosynkrasie 55
Idiom, Idiomatik 55
Ikon, Ikonologie, Ikonographie 56
Immersion 56
Implizitheit 57
Impressum 57
Imprimatur vs. damnatur 58
Inferenz 58
Information 59
Interferenz 60
Interpolation 60
Interpretation 61
Interpunktion 62
Interview 62
Intonation 63
Ironie 64

Jargon 65

Kalligraphie 65
Kode, Enkodierung, Dekodierung 66
Kollation 67
Kollokation 67
Kommunikation 68
Kompetenz 69
Konjektur 70
Konjugation und Deklination 70
Konnotation 71
Konstruktivismus 71
Kontext 72
Körper- und Gebärdensprache 72
Kreolsprachen 73
Kryptologie, Kryptographie, Kryptogramm 73
Künstliche Sprachen 74
Kursorische Lektüre 75

Langage, langue, parole 75
Laute und Lautbildung 76
Lehnwörter 77
Lektor 77

Lexem, Lexikologie, Lexikographie 78
Libretto 78
Linguistik 79
Literarische Sprache 80
Logo 80
Logopädie 81
Lüge 82

Manuskript vs. Typoskript 82
Mehrsprachigkeit (Multlingualismus) 83
Metapher, Metaphorik 84
Metasprache 85
Mikro- und Makrostrukturen 85
Monographie 86
Monolog 86
Morphologie 86
Mythos 87

Namen, Namengebung, Namenkunde 88
Narration 89
Nationalsprachen 90
Neologismus 91
Neurolinguistik 91
Nomenklatur 92
Nominalismus 92
Nominalstil 93
Nonsens-Wörter, Nonsens-Verse 93
Normen 94

Oberflächen- vs. Tiefenstruktur 95
Orthographie 96

Palindrom 96
Paradigma 96
Paralinguistik 96
Parataxe 97
Parodie 97
PEN-Club 98
Performanz 98
Persuasion 99

Philologie 99
Phon, Allophon 100
Phonem, Phonologie 101
Phonetik 101
Phrasen, Phrasen dreschen 102
Phraseologie, Phraseologismus 102
Pidgin- und Kreolsprachen 103
Piktogramm 104
Plagiat 104
Pleonasmus und Tautologie 105
Poetik, Poetologie 106
Polemik 106
Polysemie 107
Poststrukturalismus 107
Pragmalinguistik 108
Propaganda 108
Prosodie 109
Protentionen – Retentionen 109
Pseudonym 110
Psycholinguistik 111
Publikum 112
Publizistik 112
Purismus 113

Rätsel 114
Redundanz 115
Register 115
Retentionen 116
Rezeption 116
Rhetorik 117
Rhetorische Frage 117

Sapir-Whorf-These 118
Sarkasmus 119
Satz 119
Schriftsprache 120
Semantik 121
Semantische Determination 122
Semantisches Feld 123

Semiotik 123
Sentenz 124
Slang 124
Solözismus 125
Soziolinguistik 125
Sprachakademien 126
Sprachatlas 127
Sprachdidaktik 127
Spracherwerb, Spracherwerbstheorien 128
Sprachfamilien 129
Sprachkontakte 130
Sprachkritik 130
Sprachkultur 131
Sprachlabor 132
Sprachpolitik 133
Sprachstörungen 134
Sprach- und Wortspiele 135
Sprachverfall 136
Sprachwandel 137
Sprachzentren (im Gehirn) 138
Sprechakte, Sprechakttheorie 138
Standard-, Verkehrs- und Amtssprache 139
Statarische vs. kursorische Lektüre 140
Stil 141
Stilblüten 142
Stilistik 142
Strukturalismus, Poststrukturalismus 143
Substrat und Superstrat 144
Symbol, Symbolik, Symbolismus 145
Synchronie 146
Synonym, Synonymik 147
Syntagma und Paradigma 147
Syntax, Parataxe, Hypotaxe 148

Tautologie 149
Tempus 149
Text und Kontext 149
Textkritik 150
Textlinguistik 151

Textsorte 151
Textverständlichkeit 152
Thesaurus 152
Tiefenstruktur 153
Tiersprache 153
Typographie 154
Typoskript 155

Übersetzen und Dolmetschen 155
Understatement 156
Urheber und Urheberrecht 157

Varietäten 158
Verkehrssprache 158
Versalien 159

Weltsprachen 159
Wortbildung 160
Wörter und Wortarten 161
Wortmagie und Zaubersprüche 162
Wortspiele 163

Xenoglossie und Gossolalie 163

Zaubersprüche 164
Zeichen und Zeichensprachen 164
Zeichensetzung (Interpunktion) 165
Zeitenbildung (Tempus) 166
Zensur 167
Zitat 167
Zynismus 168

Vorwort

Die sprichwörtlichen Spatzen pfeifen es von den Dächern: Um die deutsche Sprache ist es nicht gut bestellt. Klagen über ihren Zustand, Sorgen über ihre Defizite und Kritik am schludrigen Umgang mit dem Medium reißen nicht ab. Der bekannte Journalist und Sachbuchautor Dieter E. Zimmer schimpft: „Kein Volk hat eigentlich das Recht, etwas, das zum Weltkulturerbe gehört, verwahrlosen zu lassen." Die sich für Sprachförderung engagierende Kammersängerin Edda Moser grämt sich: „Die deutsche Sprache verkommt wie ein krankes Tier." Den Sprachkritiker Wolf Schneider treibt die Befürchtung um, dass „eine große Kultursprache vor die Hunde geht". Deutschlehrer sprechen von „grammatischen Löchern" in den Arbeiten ihrer Schülerinnen und Schüler. Arbeitgeber monieren beunruhigende Lese- und Schreibschwächen bei ihren Auszubildenden. Sprachwissenschaftler diagnostizieren mangelndes Leistungsvermögen bei deutschen Probanden im internationalen Wettbewerb und beklagen die insgesamt wenig schmeichelhaften Bilanzen von PISA. Gesellschafts- und Kulturkritiker nehmen die Illoyalität der Deutschen gegenüber ihrer Muttersprache ins Visier und schimpfen über die hybride Sprache namens „Denglisch". Medienexperten sprechen von „Sprachamputation", wenn unter dem Einfluss elektronischer Medien aus durchdachten, zusammenhängenden Äußerungen eine Minimalsprache aus lingualen Fetzen und Bruchstücken wird. Satiriker machen sich einen Spaß daraus, dem Publikum Beispiele einer verkommenen, grammatisch fehlerhaften Sprache um die Ohren zu hauen. Sprachvereine küren und geißeln alljährlich prominente „Sprachpanscher", die in unserer Sprachkultur mit besonders schlechtem Beispiel vorangehen. Germanisten an der Universität Frankfurt/M. stigmatisieren regelmäßig das „Unwort des Jahres", das pervertierten Sprachschöpfungen einen Spiegel vorhält. Vertreter des diplomatischen Dienstes stellen ein sinkendes Interesse an Deutsch im europäischen und außereuropäischen Ausland fest. Und Politiker streiten angesichts der wachsenden Sprachprobleme von Migranten über die Frage, ob die deutsche Sprache einen Verfassungsrang im Grundgesetz erhalten sollte. – Ein Gesamtbild, das nicht gerade Anlass zu besonderer Zufriedenheit mit unserer „geliebten Muttersprache" sein kann, auch wenn anzumerken ist, dass die Zahl engagierter Zeitgenossen wächst, die angesichts der deprimierenden Diagnosen über therapeutische Maßnahmen nachdenken.

Dieses Kompendium kann kein Therapeutikum für die erwähnten Probleme und Fehlleistungen sein. Ein gezielt einsetzbares Heilmittel gibt es nicht. Es gibt lediglich Möglichkeiten, das kollektive Bewusstsein zu schärfen und die Sprache deutlicher in den Mittelpunkt kultureller Aufmerksamkeit zu rücken. Denn die große Mehrheit der Sprecher in diesem Land spricht und schreibt ihre Muttersprache weitgehend unreflektiert, wenn nicht gar unbewusst. Sie sprechen „wie ihnen der Schnabel gewachsen ist", ohne ihre Sprech- und Schreibweise normalerweise zum Gegenstand grammatischer oder stilistischer Überlegungen zu machen. Was Sprachwissenschaftler Habitualisierung nennen, ist der natürliche Prozess, der einsetzt, wenn Sprachmuster imitativ gelernt und allmählich verinnerlicht werden. Dabei sind die Bemühungen von Sprachpädagogen *eine* Sache, das herrschende Milieu mit flapsiger, ungrammatischer, anarchischer Sprachkultur eine ganz andere. Wenn das Milieu mit Slang, poppigen Werbesprüchen, mischmaschigen Ethnolekten übermächtig wird, schwinden die Chancen der Sprachpädagogik, normengerechtes Deutsch als leistungsfähige Verkehrssprache vermitteln zu können. Der Einfluss des sozialen Umfelds wächst, das kulturell wünschenswerte Sprachniveau sinkt. Lehrer und Hochschullehrer wissen ein Lied von diesem Vorgang zu singen. Die Entstehung einer sprachlichen Zweiklassengesellschaft droht, wenn eine Gruppe sich den Anforderungen, die korrekter und differenzierter Sprachgebrauch an sie stellt, gewachsen zeigt, während eine andere, die der so genannten Bildungsfernen, absinkt und sozial und beruflich den Anschluss verliert. „Was soll aus Deutschland werden mit einer Generation von Schülern und Studenten, die der deutschen Muttersprache nicht mehr mächtig sind?" fragen Stefan Bonner und Anne Weiss in ihrem Buch *Generation Doof*. „Die Schere zwischen Clever und Doof geht immer weiter auf. Denn je dümmer sich die einen benehmen, desto mehr planen und entwickeln die anderen." Der Tendenz kann Sebastian Sick nur noch Spott abgewinnen. In seiner Satire *Happy Aua* zeigt er, „wie haarsträubend komisch unsere Sprache sein kann, wie schnell ein völlig neuer Sinn entsteht, wenn man aus Nachlässigkeit oder Gedankenlosigkeit nur ein paar Buchstaben miteinander vertauscht. Sonst wären uns Spezialitäten wie Gülüwein und Tittenfisch heute völlig unbekannt. Wir wüssten nicht, was ein Heinzgerät ist und wo man Versage-Hosen bekommt."

Nun führt Spott nicht zu einer Besserung der Situation. Just wenn die Perspektiven wenig ermutigend sind, gilt es, die drückenden Probleme in Angriff zu nehmen und zu engagierter Arbeit an Problemlösungen zu ermuntern. Die allgemeine Sprachkompetenz in unserem Land bedarf einer nachhaltigen Verbesserung. Das Sprachbewusstsein muss klareres Profil gewinnen. Aber dafür genügt es nicht, die Öffentlichkeit zu alarmieren und engagierte Streiter für die Sache zu motivieren. Denn Arbeit an der Kompetenz setzt bei den Arbeitern selbst Kompetenz voraus, das einschlägige Interesse verlangt nach einem sachlichen, das Interesse tragende Fundament. Man kann sagen: Kompetenz in der Sprache und Wissen um die Sprache sind zwei Seiten einer Münze. Das erste profitiert vom zweiten und umgekehrt.

Hier setzt das Anliegen des vorliegenden Büchleins ein: Es will sprachwissenschaftliches Grundwissen, Kenntnisse „für den Hausgebrauch", vermitteln. Es nennt und erläutert Schlüsselbegriffe, die zwar sämtlich in den großen Nachschlagewerken zur Linguistik oder den Datenbanken im Internet zu finden sind, aber dort meist in extensiverer und spezieller, den Laien meist überfordernder Form erscheinen. Wer über Sprache nachdenkt und/oder über Sprache schreibt, tut das nie über *die* Sprache, denn die Sprache gibt es nicht. Es gibt nur Sprachen mit einer Fülle an Hintergründen, Aspekten und Problemen, die, will man sie sachlich einordnen und kritisch beurteilen, eines Begriffsapparats zur Aufschlüsselung bedürfen. Die Wahrnehmung sprachlicher Probleme ist stets selektiv, und so sind auch alle Erklärungs- und Lösungsansätze.

Dieser kleine Band stellt eine Selektion dar; er zielt durch alphabetische Anordnung der Begriffe auf leichte Überschaubarkeit und strebt gute Verständlichkeit an. Ein exzessiver Gebrauch von Fachchinesisch und Kauderwelsch ist keiner Sprache zuträglich und wird von keinem „normalen" Sprachbenutzer willkommen geheißen. Die einzelnen Artikel sind deshalb so verfasst, dass sie es dem Laien erlauben, sich rasch und gezielt zu informieren, ohne sich mit enzyklopädischem Wissen befrachten zu müssen. Mit Pfeilen (→) ausgestattete Begriffe dienen als Querverweise, die als Wegweiser im Beziehungsgeflecht der Sachverhalte und Phänomene fungieren und auf die Verwandtschaft bestimmter Begriffe hinweisen.

Die ausgewählten Stichwörter beruhen auf Wahrscheinlichkeitsannahmen über ihre Brauchbarkeit. Vollständigkeit war nicht unsere Absicht. Es kann also hier und da für den Benutzer durchaus erforderlich sein, umfangreichere wissenschaftliche Werke zu Rate zu ziehen, wenn er an dieser Stelle nicht fündig wird. Aber wer seiner Sprache sachkundig begegnen und sie pfleglich behandeln will, wer Sprachwissenschaft für den Alltag benötigt – sei es als Schüler, Student, Lehrer, Journalist, Schriftsteller oder einfach als "normaler" deutschsprachiger Bürger – dem dürfte unser Bändchen nützlich sein.

Bei der vorliegenden dritten Auflage des Buches handelt es sich um eine gegenüber der zweiten Auflage nochmals überarbeitete und deutlich erweiterte Fassung.

Braunschweig, im Januar 2014　　　　　　　　　　　　　　Hartmut Heuermann

Kompendium

A

Akronym
Von gr. *akros* = Spitze + *onyma* = Name. Kurzwort, das aus den Anfangsbuchstaben mehrerer Wörter zusammengesetzt ist. Akronyme dienen der Vereinfachung der Sprache, indem sie lange und komplizierte Wörter oder Wortkombinationen auf ihre Anfangsbuchstaben reduzieren und so bequemer verfügbar (leichter les- und sprechbar) machen. Zum Beispiel: EDV (elektronische Datenverarbeitung), TÜV (Technischer Überwachungsverein), BAföG (Bundesausbildungsförderungsgesetz), BGB (Bürgerliches Gesetzbuch), NATO (North Atlantic Treaty Organization), ADAC (Allgemeiner Deutscher Automobilclub). Die problemlose Verwendung von Akronymen in der Bevölkerung setzt einen hohen Bekanntheitsgrad der jeweils bezeichneten Sachen voraus. Für Ausländer mit geringen landeskundlichen Kenntnissen können sich Verständnisprobleme daraus ergeben.

Akrostichon
Von gr. (gleichlautend) *akrostichon* = Versspitze. Stilistischer Kunstgriff bei der Komposition von Gedichten: Die Anfangsbuchstaben oder -silben oder -wörter von Versen werden so arrangiert, dass sie aneinandergereiht ein Wort, einen Namen oder einen Satz ergeben. Bereits in der antiken Literatur wurde dies als ein virtuoses Spiel mit der Sprache praktiziert. Zuweilen wird es auch heute noch (z. B. in der Werbung oder im Sprachunterricht) angewandt. Das Vergnügen an diesem Spiel resultiert aus der Wandlung der Horizontalen in die Vertikale. Beispiel: ein Gedicht, betitelt „Herbst", ergibt das Wort „Herbst", sobald man die jeweils ersten Buchstaben in den Zeilen von oben nach unten liest:

> **H**immel färbt sich grau
> **E**imerweise Regen
> **R**aue Winde stürmen
> **B**lätter tanzen wild
> **S**ommer ist vorüber
> **T**raurig nun mein Herz.

Akzent
Von lat. *accentus*, eigentlich = das An-, Beitönen. Damit werden populär die Merkmale von Sprechern bezeichnet, die in ihrer Artikulationsweise von der → Standardsprache abweichende Besonderheiten aufweisen. Der Begriff ist diffus und berührt sich mit den Begriffen → Idiolekt, → Dialekt, → Ethnolekt und → Interferenz. Am häufigsten wird er benutzt, wenn bei einem Sprecher phonetisch erkennbar das Lautsystem einer fremden Sprache durchschimmert („Sie spricht mit französischem Akzent"). Aber auch wenn keine fremdsprachlichen, sondern mundartliche Merkmale hörbar sind, wird der Akzentbegriff benutzt („Er hat einen bairischen Akzent"). Der entsprechende Eindruck kann verschiedene Ursachen haben: eine besondere Betonung, ein „verräterisches" Lautbild bei den → Phonemen und Allophonen, Eigentümlichkeiten im Satzbau (→ Syntax), die Sprechgeschwindigkeit (oder ein Zusammenwirken mehrerer solcher Merkmale). Laien können gewöhnlich nicht genau angeben, was für das charakteristische Klangbild, das den Akzent auffällig macht, im Einzelnen verantwortlich ist, auch wenn eine Identifikation als Gesamteindruck meist nicht schwerfällt. Zuweilen werden bestimmte dialektale Akzente als soziale Makel angesehen (Jemand „sächselt" oder „berlinert") und mit Werturteilen („Klingt ja furchtbar") belegt. Das sind Geschmacksäußerungen, die sprachwissenschaftlich nicht begründbar sind.

Terminologisch ist es nicht glücklich, dass von Akzenten auch dann die Rede ist, wenn es sich um so genannte diakritische Zeichen handelt, wie sie in vielen Sprachen Verwendung finden: z. B. é, ã, ĉ, à und andere. Sie markieren Aussprachevarianten, die nichts mit Akzenten i. S. von persönlichen Artikulationsbesonderheiten zu tun haben. Sie können auch – bei gleichbleibender Orthographie – Bedeutungen verändern wie in frz. *ou* (= oder) gegenüber *où* (= wo).

Allegorie
Von gr. *allegorein* = bildlich reden. Die Entwicklung der Sprache ist parallel zur Entwicklung des kollektiven Bewusstseins verlaufen. Das bedeutet, dass Denken und Kommunizieren in Bildern dem Denken in rationalen und abstrakten Vorstellungen vorangehen. Hauptsächlich in der Mythologie und Poesie besteht eine Neigung, auch dann zur Verbildlichung von Sachverhalten zu greifen, wenn

es sich um nüchtern-sachliche Zusammenhänge oder philosophische Problemstellungen handelt. So zum Beispiel, wenn – auch heute noch – die Idee der Gerechtigkeit durch eine Statue der Göttin Justitia verbildlicht wird. Die Kunst der Allegorie hatte eine lange Blütezeit im Mittelalter und in der Renaissance, als Werke wie John Bunyans *The Pilgrim's Progress* oder Jean de Meungs *Roman de la rose* in ganz Europa populär waren. Es handelt sich jeweils um Verbildlichungen menschlicher Grunderfahrungen: bei Bunyan um die „Pilgerreise" eines Christen durch das irdische Jammertal ins himmlische Jerusalem; bei de Meung um die Irrungen und Wirrungen auf den Wegen der erotischen Liebe. Die Kunst des Allegorisierens steht heute nicht mehr hoch im Kurs. Der Zeitgeschmack kann ihr nur noch wenig abgewinnen und sieht etwas künstlich Mechanisches oder penetrant Didaktisches darin. Allegorien eignet etwas willkürlich Aufgepfropftes.

Allophon
siehe Phon, Allophon

Alphabet
Von gr. *alpha* + *beta* = die beiden ersten Buchstaben im Schriftsystem der griechischen Sprache. Sie werden heute zur Bezeichnung derjenigen auf Buchstaben (Vokalen und Konsonanten) basierenden Systeme verwandt, die sich (mit graphischen und funktionalen Varianten) des Vorbilds des Griechischen bedienen, um das Gesamtinventar der Zeichen zu ordnen und zu benennen. Das Alphabet entspricht dem, was in Deutschland volkstümlich als „ABC" bezeichnet wird. Allerdings haben die Griechen das Alphabet nicht erfunden, sondern es – nach dem altgriechischen Historiker Herodot – um das Jahr 1000 v. Chr. von den Phöniziern übernommen. Diese wiederum sollen von einem früheren Alphabet der Kanaaniter beeinflusst worden sein, so dass es sprachgeschichtlich nicht möglich ist, den oder die Erfinder des Alphabets zu benennen. Bereits Jahrtausende v. Chr. waren die Sprachen im Vorderen Orient eng miteinander verflochten, und die Griechen, die ihr Alphabet an die Römer weitergaben, waren bereits Spätkömmlinge. Gegenüber früheren Sprachformen (z. B. den → Hieroglyphen) hatte das griechische Alphabet den Vorteil, dass ein bestimmter Laut jeweils einem bestimmten Zeichen zugeordnet wurde

(graphophonisches System), wodurch die Handhabung relativ einfach und unmissverständlich war – offenbar ein Grund dafür, dass es sich in den Sprachen des Abendlandes durchsetzte. Neben der Gliederung der Buchstaben ist das Alphabet zur Stiftung von Ordnung in Schriftsätzen, Abhandlungen, Wörterbüchern u. dgl. heute unverzichtbar und rangiert an zweiter Stelle hinter den Ordnungszahlen (Ordinalzahlen). Das lateinische Alphabet ist das am weitesten verbreitete der Welt.

Zwischen den Alphabeten gibt es hinsichtlich der benutzten Zahl der Buchstaben keine großen Unterschiede: Das griechische Alphabet hatte 24 Buchstaben, das lateinische 25, die deutsche Sprache zählt 26 Buchstaben. Alle bekannten Alphabete gebrauchen Majuskeln (Großbuchstaben) im Unterschied zu Minuskeln (Kleinbuchstaben), z. B. *A* vs. *a*, *B* vs. *b*, *C* vs. *c* usw. Deutliche Unterschiede gibt es allerdings bei der zusätzlichen Verwendung so genannter diakritischer Zeichen wie é, ą, ü, ĉ, ł, ğ, ¢, ã und andere, die, als Aussprachehilfen eingesetzt, von Sprache zu Sprache variieren.

Ambiguität
Von lat. *ambiguitas* = Doppeldeutigkeit. Darunter wird eine zweifache Auslegbarkeit von Äußerungen verstanden, die ihre Bedeutung bewusst oder unbewusst in der Schwebe halten, so dass eine zweifelsfreie Zuordnung zu *einem* Sinn oder *einem* Sachverhalt nicht möglich ist. Ambiguitäten können Probleme für das Verständnis schaffen, wenn sie die Frage aufwerfen: Welche (von zwei möglichen) Bedeutungen ist gemeint? *Der Polizist verfolgt den Dieb mit dem Fahrrad.* Wer sitzt auf dem Fahrrad? Der Polizist oder der Dieb? In der Literatur werden sie jedoch auch oft absichtlich eingesetzt, um die Nichtfestlegbarkeit menschlicher Motive und Verhaltensweisen zu zeigen. Wenn das individuelle und gesellschaftliche Leben als vielschichtig erfahren wird, erscheint Doppeldeutigkeit als deren unvermeidbare Konsequenz. Also kann Ambiguität sowohl (ungewollt) als ein sprachlicher Mangel auftreten, wie auch (gewollt) als „Strategie" zur Erzielung von Zweifeln oder → Ironie eingesetzt werden: Die berühmte Rede des Mark Anton nach der Ermordung von Julius Cäsar durch Brutus und die Verschwörer ist gespickt mit der Bemerkung: „ ... doch Brutus ist ein ehrenwerter Mann", was den Zweifel an seiner Ehrenhaftigkeit nährt und einen Doppelsinn einführt: Der Redner betont, Brutus sei ein Ehrenmann,

er meint aber: Brutus ist ein mörderischer Schurke. Wird die Doppeldeutigkeit der Sprache zur Mehrdeutigkeit, wird in der Bedeutungslehre der Begriff der → Polysemie gebraucht. Polysemie liegt vor, wenn ein → Lexem drei oder mehr mögliche Bedeutungen hat, so z. B. wenn das Wort Stock sowohl Knüppel als auch Spazierstock, Blumenstock und Stockwerk bedeuten kann.

Amtssprache
siehe Standard-, Verkehrs- und Amtssprache

Anagramm
Von gr. *anagraphein* = umschreiben. Ein Anagramm ist die Umstellung der in einem Namen (Satz, Wort) enthaltenen Buchstaben zu anderer Reihenfolge und (oftmals) neuem Sinn. Die Umsetzung braucht dabei keiner besonderen Regel zu folgen, aber es müssen grundsätzlich alle Buchstaben erhalten bleiben. Dies kann rein spielerisch geschehen und nur der Unterhaltung dienen. Es kann aber auch etwas mit archaischer → Wortmagie zu tun haben und als besondere Form verbalen Schöpfertums gelten. Am häufigsten dienen Anagramme der Verschleierung von Autorennamen und sind insofern eine Art der → Pseudonymisierung, also der falschen Namengebung. Beispiele: Paul Ceram aus Paul Marek, Pilarchus Grossus von Trommenheim aus Grimmelshausen, Rabelais aus Alcofibras Nasier, Voltaire aus Arouet le Jeune, Pichon aus Chopin.

Anagramme sind funktional verwandt mit Kryptogrammen: das sind Versteckspiele mit Buchstaben, die nach einer verschlüsselten Systematik über einen Text verteilt sind und nach Entschlüsselung eine geheime Botschaft ergeben. Ihre Entschlüsselung setzt entweder die Kenntnis des Schlüssels oder ein erfolgreiches „Knacken" der Botschaft mittels kryptologischer Analyse voraus → Kryptologie. Unklare oder „dunkle" Äußerungen werden bildungssprachlich auch oft als kryptisch bezeichnet und in dieser Eigenschaft missbilligt.

Analphabetismus
So werden Lese- und Schreibdefizite bezeichnet, die in Deutschland – allen Bildungsoffensiven zum Trotz – über sieben Millionen Menschen betreffen (Tendenz steigend). Das Problem bezieht sich nur auf den Umgang mit der

geschriebenen Sprache, d. h. Analphabeten können sprechen und Sprache verstehen wie andere Menschen, versagen jedoch, wenn es um die Anwendung (→ Kode, Dekodierung u. Enkodierung) von Schriftzeichen geht. Dabei unterscheiden Pädagogen und Linguisten zwischen *totalem* und *funktionalem* Analphabetismus. Totaler Analphabetismus liegt vor, wenn der Sprachbenutzer das Gesamtsystem der Schriftsprache nie gelernt hat oder der Lernprozess irgendwann erfolglos abgebrochen wurde. Funktionaler Analphabetismus tritt auf, wenn Teilsysteme (z. B. bestimmte Buchstaben oder Buchstabenfolgen) nicht entzifferbar sind, obwohl andere gelesen bzw. geschrieben werden können. Nach einer aktuellen Studie der Universität Hamburg sind 4% der Erwachsenen in Deutschland totale und weitere 4% funktionale Analphabeten. Von Semi-Analphabetismus spricht man, wenn die Betreffenden zwar lesen, aber nicht schreiben können.

Analphabeten haben erhebliche Probleme, da die Lebensführung des heutigen Menschen in Familie, Beruf und Gesellschaft auf die Verwendung der Schriftsprache nicht verzichten kann. Schreibunkundige haben Schwierigkeiten, wenn es um das Abfassen von Schriftsätzen und das Verständnis schriftlicher Mitteilungen geht. Analphabetismus ist nicht mit Legasthenie zu verwechseln: Während Analphabeten bei richtiger Schulung das Lesen und Schreiben erlernen können, leiden Legastheniker an neuronal bedingter Leseschwäche. Das eine ist ein ausgleichbares Defizit, das andere eine schwer zu behandelnde Störung (→ Sprachstörungen).

Anglizismus/Amerikanismus
Diese Begriffe bezeichnen die strukturelle (nicht die lexikalische!) Übertragung einer englischsprachigen Formulierung ins Deutsche. Fälschlicherweise wird aber oft jedwedes englische Element – ob Wort, Begriff, Slogan oder idiomatischer Ausdruck – als Anglizismus bezeichnet. Vor allem gilt dies für die lexikalischen Elemente, die im so genannten → Denglisch Verwendung finden. Wenn jemand den von Benjamin Franklin stammenden Spruch „Time is money" übernimmt und in seine deutsche Rede einbaut, so ist das kein Anglizismus/Amerikanismus, sondern ein Zitat (unabhängig davon, ob dem Sprecher die Quelle bewusst ist oder nicht). Wenn aber jemand äußert: „Das macht keinen Sinn", so ist das ein Anglizismus, weil ihm strukturell die englische

Wendung „That makes no sense" zugrunde liegt. Die angemessene deutsche Formulierung müsste heißen „Das hat keinen Sinn." Ähnlich: „Du hättest das besser nicht getan" als strukturelles Pendant zu „You had better not done this", was lauten müsste: „Es wäre besser gewesen, wenn du das nicht getan hättest." Insofern hat es der von Gerhard Junker herausgegebene *Anglizismen-Index* des Vereins Deutsche Sprache überwiegend nicht mit Anglizismen, sondern mit englischsprachigen Lexemen, z. T. auch Idiomen, zu tun, die zunehmend von deutschen Sprechern und Schreibern benutzt werden. Analog zu Anglizismen gibt es Latinismen, Germanismen, Gallizismen u.a.

Antonym
Von gr. *anti* = gegen + *onyma* = Name. So wird in der → Semantik ein Wort bezeichnet, dessen Bedeutung das Gegenteil zu der eines anderen Wortes ausdrückt, also ein Gegensatz- oder Oppositionswort. Ihre Wurzeln haben Antonyme in der menschlichen Wahrnehmung, die in ihrem Einfluss auf Denken und Sprache oft dazu neigt, die Welt in Antithesen oder Oppositionen zu strukturieren. Daher kommen sie in allen Sprachen in großer Zahl vor. Typische Gegensatzpaare aus der deutschen Sprache bei Substantiven: Höhe/Tiefe, Liebe/Hass, Fleiß/Faulheit, Leben/Tod; bei Adjektiven: schwarz/weiß, groß/klein, reich/arm, riesig/winzig, hell/dunkel; bei Verben: schlafen/wachen, schwitzen/frieren, frohlocken/trauern. Zuweilen werden Wörter zu den Antonymen gerechnet, die keine sind. So sind Mann und Frau oder Kultur und Zivilisation, von der Logik der Sprache her, keine Gegensatzpaare, sondern nur Ausdruck wahrnehmbarer Unterschiede bzw. variierender Bedeutungszuweisungen.

Aphorismus
Von gr. *aphorein* = abgrenzen, definieren. Ein Aphorismus ist ein kurzer, prägnanter Prosasatz, der zur Formulierung besonders eingängiger Gedanken, Thesen, Ideen, Beobachtungen, Urteile u. dgl. dient. Aphorismen sind geistreich, witzig, treffend oder tiefsinnig formuliert, weshalb sie Schule machen und manchmal über Generationen hinweg tradiert werden. Oft sind sie antithetisch, paradox, hyperbolisch oder ironisch formuliert, was dann ihre Unverwechselbarkeit und Einprägsamkeit ausmacht. Deshalb spicken manche Redner ihre Reden gern mit Aphorismen. Aphorismen sind mit Sprichwörtern

verwandt; aber während letztere dem Ausdruck allgemeiner Lebensweisheiten dienen, erscheinen erstere eher als „Gedankensplitter", die sich durch Sprachwitz auszeichnen und den Zuhörern ein Mitdenken abverlangen. Sie sind stärker individualisiert und geistig freier als → Sentenzen oder Sprichwörter. „Liebe geht durch den Magen" ist ein volkstümliches Sprichwort. „In dem Augenblick, wo die Liebe dir alles gibt, macht sie zugleich bankrott" ist ein (von Friedrich Hebbel) stammender Aphorismus. Große Meister des aphoristischen Stils waren die französischen Moralisten (La Roche Foucault, Pascal, La Bruyère u. a.) In Deutschland traten Dichter und Denker wie Goethe, Novalis, Heine, Schopenhauer u. a. mit dieser Kunst hervor.

Archaismus
Von gr. *archaios* = alt, altertümlich, ursprünglich. Archaismen sind Wörter, Begriffe oder Redewendungen, die in der Sprachgeschichte abgesunken und (tendenziell) obsolet geworden sind. Sie sind „Opfer" des → Sprachwandels und der Sprachgeschichte geworden, werden nur selten benutzt oder sind ganz aus der Alltagssprache verschwunden. Eventuell sind sie durch → Neologismen ersetzt worden. Allerdings geschieht ein solches Verschwinden niemals plötzlich oder willkürlich (etwa durch Dekrete oder Verbote), sondern stets allmählich als Folge sprachhistorischer und gesellschaftlicher Wandlungsprozesse, die in ihren Auswirkungen oft schwer zu beschreiben sind. Warum und wann Adjektive wie z. B. *blümerant* oder *hanebüchen* sich aus der deutschen Alltagssprache verabschiedet haben, lässt sich kaum präzise bestimmen. Sie kamen aus der Mode, und man bediente sich ihrer nicht mehr. Gleiches gilt für Substantive wie *Almanach* oder *Kontor* oder *Joppe*.

Leicht zu erklären sind hingegen die Fälle, die den offenkundigen Zusammenhang von Wörtern und Sachen betreffen: Verschwinden die mit Wörtern bezeichneten Sachen, verschwinden auch die sie bezeichnenden Wörter: So mussten die vormaligen „Droschken" den modernen Taxis weichen, und die gute alte „Schallplatte" verlor den Wettbewerb mit der heutigen CD (*compact disc*). Allerdings gibt es Schriftsteller, die in ihren Werken (z. B. in Chroniknovellen oder historischen Romanen) absichtlich auf Archaismen zurückgreifen – entweder um „altertümelnd" historisierende Effekte zu erzielen oder um Wörter und Wendungen vor dem Aussterben zu bewahren. Wenn Archaismen nicht mehr im aktiven Wortschatz der Mehrheit der Sprachbenutzer sind, kann ihre Benutzung ungewollt komische Wirkung auslösen oder auch Verständnisprobleme verursachen. Bei der Behandlung von Klassikern in der Schule (Goethe, Shakespeare, Racine u. a.) müssen Lehrer heute verstärkt mit solchen Problemen rechnen. Eventuell müssen → Glossare dann für Erläuterungen sorgen.

B

Barbarismus und Solözismus
Von gr. *barbaros* = Fremder, Ausländer, Nicht-Grieche; *barbarismos* = Gebrauch ausländischer Wörter und Redensarten, die von gebildeten Griechen als „barbarisch" empfunden wurden. In der heutigen Sprachwissenschaft wird als Barbarismus ein Verstoß gegen sprachliche Normen oder eine Verletzung sprachkultureller Konventionen bezeichnet. Dazu zählen lexikalische Verstümmelungen, syntaktische Auslassungen, unangebrachte Wortumstellungen oder fehlerhafte Anwendungen grammatischer Regeln. Der Begriff ist nahezu bedeutungsgleich mit Solözismus (von gr. *soloikismus* = Sprachfehler), so genannt nach den Einwohnern von Soloi in Kilikien, denen nachgesagt wurde, dass sie ein fehlerhaftes Griechisch sprächen. Solözismen sind grobe Verstöße gegen das Regelwerk einer Sprache, insbesondere in der → Syntax und der → Morphologie, z. B. wenn die grammatischen Geschlechter vertauscht, wenn falsche Präpositionen verwendet werden; wenn die Zeitenfolge missachtet wird oder wenn Einzahl beim Substantiv syntaktisch mit Mehrzahl beim Verb kollidiert usw. Beispiele: „Nach der Schule gehen" statt *zur* Schule; „Ich liebe dir" statt liebe *dich*; „Wildes Tanzen und lautes Singen ist untersagt" statt *sind* untersagt → Fehlerlinguistik.

Bibliographie
Von gr. *biblion* = Buch + *graphein* = schreiben. Eine Bibliographie ist ein systematisches, alphabetisch angelegtes Verzeichnis von Büchern, Artikeln, Abhandlungen oder anderen Veröffentlichungen zu bestimmten Themenbereichen. Inhaltlich können dies sein: Epochen, Autoren, Persönlichkeiten (Forscher, Künstler, Politiker, Philosophen u. a.), wissenschaftliche und

kulturelle Sachgebiete oder auch besondere Problembereiche in Geschichte und Gesellschaft. Es gibt keine wichtigen oder für wichtig gehaltene Gebiete, die (unter dem Aspekt: *Was ist darüber geschrieben worden?*) nicht zum Gegenstand bibliographischer Arbeit gemacht werden können. Sie sind nützlich als orientierende und Arbeitszeit sparende Nachschlagewerke, die dem Benutzer angeben, wer was wann und wo veröffentlicht hat, damit er sich ein Bild über sein eigenes oder ein fremdes Arbeitsgebiet machen kann. Er kann feststellen: *Welche (Vor-)Arbeit wurde schon geleistet?* Und er kann entscheiden: *Was sollte ich davon zur Kenntnis nehmen?* In wissenschaftlichen Publikationen sind Bibliographien unverzichtbar; aber auch in seriösen Sachbüchern werden sie heute allgemein erwartet. Allerdings schwanken sie in Umfang und Anspruch beträchtlich: An einem Ende gibt es die aufwändigen und voluminösen Nationalbibliographien wie die *Deutsche Nationalbibliographie* (DNB), mittlerweile auch als elektronische Datenbank online verfügbar, am anderen Ende die meist relativ knappen und lückenhaften Bibliographien in studentischen Erstlingswerken. Als → Synonym zu Bibliographie gibt es das deutsche Wort Literaturverzeichnis. Mit dem einen verbindet man gemeinhin aber einen höheren Anspruch (d. h. differenziertere Systematik und größeren Umfang) als mit dem anderen.

Bildersprache
Zwischen Bildern als ästhetischen, poetischen oder magisch-mythischen Objekten und sprachlichen → Zeichen als Trägern konventionalisierter Bedeutung bestehen seit alters her engste Beziehungen. Historisch und psychogenetisch betrachtet, sind bildhafte Anschauungen älter als sprachliche Äußerungen und Benennungen. Aber es gibt keinen geschichtlichen Sprung von den Bildern zu den Sprachen. Was wir beobachten, ist ein langer, Jahrtausende währender Entwicklungsprozess, der es dem Menschen einerseits erlaubte, sich von der Herrschaft der Bilder zu „emanzipieren", der andererseits aber zu erkennen gibt, dass solche Emanzipation nur teilweise vollzogen wurde. Selbst die abstrakte Sprache von Wissenschaftlern kann nicht ganz auf den Gebrauch von Bildern verzichten. In der Dichtung behaupten sie – transhistorisch und transkulturell – nach wie vor ihre angestammte Heimat. Und in der zeitgenössischen Werbung genießen sie geradezu paradiesische Zustände. Allgemein

lässt sich feststellen, dass Bilder im kulturellen und seelischen Leben deshalb so wirkungsmächtig und untilgbar sind, weil sie nüchtern sachliche Aussagen durch emotional eindringliche Anschauung ersetzen oder ergänzen. Dies entspricht einem psychischen Grundbedürfnis des Menschen. Allerdings können sie dank ihrer Wirkungsmacht im menschlichen Innenleben (besonders bei Psychopathen) auch Verheerendes anrichten.

Bonmot
Von frz. (gleichlautend) *bon mot* = gutes Wort. Ein mit dem →Aphorismus und der → Sentenz verwandter Ausdruck, der – wie der Name sagt – als besonders glücklich formuliert und gut getroffen gilt. Bonmots sind elegante, witzige, denkwürdige, überzeugende Wendungen, die rasch von der Öffentlichkeit aufgegriffen werden und in den allgemeinen Sprachschatz wandern. Dabei muss ihr Gehalt nicht unbedingt tiefsinnig sein. Es genügt, dass sie in bestimmten Lebenssituationen vom Publikum als besonders „treffsicher" begrüßt werden, weil sie ausdrücken, was viele Menschen empfinden, aber nicht so glücklich formulieren können. Bonmots zeichnen sich demzufolge durch eine besondere verbale Kreativität ihrer Produzenten aus, die bei den Hörern/Lesern ein positives Echo findet. Sie entsprechen den Formulierungen, die im Deutschen auch als „geflügelte Worte" bezeichnet werden. Ein typisches Bonmot (von Ludwig Börne) lautet: „Reichtum macht das Herz schneller hart als kochendes Wasser ein Ei."

Buchdruck
In Abendland gilt Johannes Gutenberg, der 1456 die Druckerpresse erfand und damit eine mechanische Reproduzierbarkeit von Schriften und Texten ermöglichte, als Vater des Buchdrucks. Allerdings ist historisch belegt, dass die Chinesen schon im 7. Jahrhundert v. Chr. mit beweglichen hölzernen Drucktypen (Lettern) Dokumente gedruckt haben und dass die Koreaner diese Technik mit bronzenen Lettern verfeinerten. Für die Europäer war jedoch die Erfindung Gutenbergs der entscheidende Schritt von der Handschriftenkultur zur Kultur des gedruckten Wortes. Es wurde ein neues, umwälzendes Paradigma geschaffen, dessen Folgen für das europäische Bildungswesen und die Morgendämmerung der Aufklärung gar nicht überschätzt werden können.

Die Demokratisierung der Gesellschaft wie auch die Entstehung der heutigen Massenkultur wären ohne die Verbreitung des gedruckten Wortes nicht denkbar. Durch den Buchdruck wurde die Schrift (weitgehend) fixiert und die → Typographie konventionalisiert. Gutenbergs Erfindung ist eine der bedeutendsten Errungenschaften in der Kulturgeschichte der Menschheit.

Erst im 19. Jahrhundert wurde die manuelle Satztechnik metallener Lettern von maschinellen Techniken abgelöst. Dominant wurde die Linotype-Maschine, die ihren internationalen Siegeszug im Zeitungsdruck antrat. Sie wurde in den 1960er Jahren vom Fotosatz abgelöst, der in jüngerer Zeit global vom Computersatz verdrängt wurde. Die erste Schreibmaschine kam 1867 auf den Markt. Sie bot eine weitere Technik zur Beschleunigung und Vereinheitlichung von Schreibvorgängen und machte das maschinelle Schreiben nun auch für den Privatbereich verfügbar. Allerdings bot sie (ohne Sonderzeichen, Blocksatz, Typenauswahl, variable Schriftgrade u. dgl.) nicht die vielfältigen Gestaltungsmöglichkeiten des Buchdrucks und der heutigen Computerschriften.

C

Computerlinguistik
So nennt sich die (relativ junge) Wissenschaft, die Sprachphänomene und Kommunikationsprozesse mit Verfahren der elektronischen Datenverarbeitung untersucht. Die Problemfelder als solche sind meistens nicht neu, aber die Analyse- und Bearbeitungsverfahren sind durch spezielle Software-Entwicklungen auf neue Art operationalisier- und objektivierbar. Die Aufgaben sind vielfältig: Digitalisierung sprachlicher Information, Aggregation empirisch erhobener Daten (Statistiken), Entwicklung von Sprachkodierungsverfahren, maschinelle Übersetzung, Spracherkennung, Transkription von (gesprochener) Sprache in Schrift und Text, Computerlexikographie (Lexikostatistik), Korpusanalyse, Stilforschung (zur Autoridentifikation), Textprüfung (bei Plagiatsverdacht), Sprecherprofile für forensische Zwecke u. a. Dabei entsprechen die Methoden wesentlich denen der Informatik, der experimentellen Psychologie und der empirischen Sozialwissenschaften. Angesichts der wachsenden Bedeutung dieser Disziplin haben verschiedene Hochschulen Institute und Lehrstühle für Computerlinguistik eingerichtet,

so die TU Darmstadt, die Universität Heidelberg, die Universität Tübingen, die Universität Zürich sowie diverse Fachhochschulen. Ihre Absolventen haben derzeit gute Berufsaussichten.

Computersprache
So wird landläufig das (relativ junge) Fachvokabular genannt, das, ausgelöst von der rasanten Entwicklung in der elektronischen Datenverarbeitung, eine regelrechte Schwemme an → Neologismen in der deutschen Sprache verursacht hat. Kein Gebiet technisch-industrieller Innovationen hat in den letzten Jahrzehnten einen vergleichbaren Effekt erzielt, und keines zeigt den Zusammenhang von Wörtern und Sachen in vergleichbarer Deutlichkeit. Dabei ist es sprachsoziologisch interessant zu beobachten, wie hier ein expansiver Prozess eingesetzt hat, der das Vokabular von (ehedem) einigen Fachleuten rasch in den Wortschatz der Allgemeinheit hineinwachsen lässt. Wem solche englischsprachigen Begriffe wie *Hard Disc Drive, ROM, Hardware, Motherboard, Giga Bytes, Word Processor, Joystick, Touchpad, Multitasking* u. dgl. nicht geläufig sind, gilt kulturell und technisch mittlerweile als hinterwäldlerisch. Erkennbar ist freilich auch, dass die Fülle der Neologismen nicht hätte entstehen können, wenn das technische Interesse am Computerwesen nicht massiv von kommerziellen Interessen gefördert worden wäre. Die weite Verbreitung der Computer geht auf eine gezielte Kommerzialisierung zurück, und diese wiederum popularisiert die → Fachsprache.

Nicht zu verwechseln mit dieser Computersprache, die streng genommen keine Sprache ist, sondern nur ein → Register innerhalb der Sprache markiert, sind die Programmiersprachen der Informatiker. Das sind formale Befehlsketten in Form bestimmter Kodes, wie BASIC, ALGOL, FORTRAN etc., die den Computern als Arbeitsanweisungen für bestimmte Operationen eingegeben werden. Sie haben den eigenständigen Beruf des Programmierers hervorgebracht.

D

Damnatur
siehe Imprimatur

Deklination
siehe Konjugation und Deklination

Dekodierung
siehe Kode, Enkodierung, Dekodierung

Demagogie
Von gr. *demos* = Volk + *agein* = führen. Dieser Begriff wurde ursprünglich, nämlich in der griechischen Polis, positiv verstanden. Zur Zeit des Perikles (ca. 490 v. Chr.) war er sogar ein Ehrentitel, und Demagoge bedeutete Volksführer. Heute wird er fast ausschließlich abwertend im Sinne von Volksverführer oder Volksverhetzer benutzt. Als Demagogen werden Redner bezeichnet, die ihre Redekunst zum Zweck der Verführung der Massen einsetzen, wobei die Ziele stets politisch-ideologischer Art sind. Sie dienen letztlich dem Machtzuwachs der Redner und den von ihnen vertretenen Weltanschauungen. Der Erfolg solcher Verführung basiert auf dem geschickten Einsatz rhetorischer Mittel, die wesentlich der → Persuasion des Publikums dienen. Sie versuchen, die kritische Vernunft der Zuhörer auszuschalten und deren niederen Instinkte und Leidenschaften zu wecken, um sie auf ihre Seite zu ziehen. Das kann durch populistische Parolen, durch Schmeichelei, Verunglimpfung, Aufstachelung, Dramatisierung, Lügen, Drohung, Prophezeiung o. ä. geschehen. Der Begriff der Demagogie berührt insofern den der → Propaganda, als beide sich auf politische Beeinflussung der Massen beziehen. Allerdings hat Demagogie im Sinne von Volksverhetzung (nach § 130, Abs. 1 Strafgesetzbuch) eine strafrechtliche Dimension, die Propaganda nicht hat. Die schlimmsten Demagogen in der politischen Geschichte Deutschlands waren der Reichspropagandaminister Josef Goebbels und der „Führer" Adolf Hitler.

Denglisch
(zusammengezogen aus Deutsch und Englisch) dient als populärer Begriff zur Bezeichnung einer Mischsprache, in der das lexikalische System der deutschen Sprache zunehmend von englischen Wörtern, Begriffen, Floskeln, Slogans und Idiomen infiltriert wird. Die Verursacher dieser Infiltration, die hauptsächlich das Vokabular, selten die Syntax betrifft, sind einerseits Jugendliche, die sich

bei der Verwendung solcher Elemente „hip" dünken, andererseits bestimmte Berufsgruppen (Werbefachleute, Banker, Finanzexperten, Sportjournalisten, Popmusiker), die sich bei internationalen Kontakten besonders anfällig für die (meist unreflektierte) Übernahme von englischen Elementen erweisen. Mittlerweile gibt es über 7000 registrierte Fälle lexikalischer Übernahme im Deutschen. Dabei kommt es nicht selten zu skurrilen oder absurden Bildungen, so z. B. wenn der Hersteller von Elektrozäunen sein Produkt als „Power-Zaun" anbietet oder wenn Bäckereien zu „Back Factories" mutieren oder wenn ein Apotheker sein Fachgeschäft als „Apotheke to go" anpreist. Der US-Konzern Proctor and Gamble vermarktet ein Anti-Schuppenmittel (in Deutschland!) als „head and shoulders anti-schuppen shampoo for men", wobei fünf englische Elemente (*head, shoulders, shampoo, for, men*) auf ein griechisches (*anti*) und ein deutsches Element (*Schuppen*) stoßen.

Das Phänomen ist unter Sprachwissenschaftlern, Pädagogen, Kulturkritikern und Bildungspolitikern äußerst umstritten: Während es auf der einen Seite als Symptom eines natürlichen und unvermeidlichen Sprachwandels (Folge der Dominanz von Englisch als → Weltsprache) betrachtet wird, gilt es auf der anderen Seite als beklagenswerter „Verrat" an der Muttersprache und als Indiz für Sprachverfall. Denglisch hat Pendants im Französischen (*Franglais*), im Italienischen (*Italianglo*), im Spanischen (*Spanglish*) sowie im Chinesischen (*Chinglish*).

Denotation

Von lat. *denotare* = bezeichnen. Begriff aus der Bedeutungslehre (→ Semantik), der die lexikalisch festgelegte Bedeutung eines Wortes im Unterschied zur „mitschwingenden" Bedeutung (→ Konnotation) bezeichnet. Zum Beispiel ist die Denotation des Wortes „Neger" (von lat. *niger* = schwarz) die eines Menschen mit schwarz oder dunkelbraun pigmentierter Haut ethnologisch neutral definiert, während seine Konnotation (bei Rassisten) die eines minderwertigen, bösen, verworfenen, heidnischen oder triebhaften Individuums bedeuten kann. Deshalb ist das Wort heute weithin verpönt und gilt als „politisch inkorrekt". In den USA bezeichnen sich die betroffenen Gruppen heute als „African-Americans" oder einfach als „Blacks". Ein anderes Beispiel: Denotativ dient das Wort „Herz" zur Bestimmung eines natürlichen Organs, das sich anatomisch und physiologisch beschreiben lässt. Konnotativ kann es viel weiter gefasste Bedeutungen in Kultur, Kunst, Poesie und Erotik annehmen und mit Herzenswunsch, Herzeleid, gebrochenes Herz, Herzensdame u. dgl. assoziiert werden. Es wird dann zum → Symbol, und Symbole sind immer Träger von Konnotationen.

Diachronie
Diachronisch heißt wörtlich „durch die Zeit" (von gr. *dia* = durch, hindurch + *chronos* = Zeit) und bedeutet in der Sprachwissenschaft die historische Betrachtungsweise einer oder mehrerer Sprachen. Da sprachliche Systeme instabil sind und sich unter sowohl inneren als auch äußeren Einflüssen wandeln, versucht die diachronische Sprachwissenschaft herauszufinden, unter welchen Bedingungen und in welche Richtung sich Sprachen entwickeln. Ein sehr ergiebiges Feld einer solchen Betrachtungsweise ist beispielsweise der geschichtliche Prozess, der zur Entwicklung der romanischen Sprachen (Italienisch, Spanisch, Französisch, Portugiesisch, Rumänisch, Rätoromanisch) aus dem Lateinischen geführt hat. Hier ist zweierlei beobachtbar: Einerseits hat innerer (systemimmanenter) Druck durch Abschleifungen, neue Betonungen, Auslassungen u. dgl. zu Veränderungen im Lautsystem geführt und andererseits haben äußere (ethnopolitische) Einflüsse fremder Völker (z. B. der Gallier und Kelten) das klassische Latein transformiert. Der begriffliche Gegensatz von Diachronie ist → Synchronie.

Dialekt, Dialektologie
Von gr. *dialektos* = Ausdrucksweise. Der griechische Begriff entspricht dem deutschen Wort Mundart. Er bezeichnet die (im Wesentlichen) phonetischen z. T. auch lexikalischen Besonderheiten von regional bestimmbaren Gruppen, die diese Besonderheiten erkennen lassen, zuweilen auch bewusst kultivieren. Es lässt sich sprachhistorisch und soziologisch beobachten, dass Dialekte immer dann entstehen, wenn die Gruppen, geographisch bedingt, starken Zusammenhalt nach innen aufweisen oder eine (relativ) deutliche Abschottung nach außen vornehmen. Salopp ausgedrückt: wenn die Gruppen „im eigenen Saft schmoren". Es gibt in Deutschland über 15 unterscheidbare Dialekte,

deren Grenzen allerdings fließend sind und die unter dem starken medialen Einfluss der → Standardsprache in Schulen, Medien und mobiler Gesellschaft im Schwinden begriffen sind.

Dialektologie ist das Studium bzw. die Wissenschaft von den Mundarten. Es gibt Dialektologen, die z. B. das amerikanische Englisch als einen Dialekt des britischen Englisch ansehen, was sie mit der zunächst geographischen und später auch kulturellen und gesellschaftspolitischen Distanz zwischen den beiden Ländern begründen. Demnach zieht lokale Trennung eine sowohl mentale als auch sprachliche Entfremdung der Gruppen nach sich. Gleichwohl ist die Sprache in beiden Ländern immer noch Englisch. Der Gebrauch von Dialekten führt also nicht zur Entstehung neuer Sprachen.

Dialog und Monolog
Von gr. *dialogos* = Unterredung, Gespräch. Der Begriff bezeichnet eine Form verbaler → Kommunikation, die sich zwischen zwei Individuen oder Parteien ereignet. In seiner heutigen Bedeutung ist er enger gefasst als in der allgemeinen Bedeutung von → Gespräch, insofern als er stets eine Zweiseitigkeit der Kommunikation zum Ausdruck bringt. In einem Dialog sind mindestens zwei Kommunikanten aktiv. Das impliziert normalerweise auch zwei identifizierbare Standpunkte, die entweder nur ausgetauscht (kommuniziert) oder angeglichen (adaptiert) werden. Der Typus des unverbindlichen Gesprächs, das auch als Plausch oder Schwatz bezeichnet wird, ist im eigentlichen Sinn kein Dialog, da ihm eine erklärte Absicht und ein formuliertes Ziel fehlen. Wenn heute in der Öffentlichkeit viel vom „Dialog zwischen Christentum und Islam" die Rede ist, so liegt dem stets (wenn auch evtl. unausgesprochen) die Frage „Dialog wozu?" zugrunde. Einige Sprachwissenschaftler haben sich auf Dialoganalysen spezialisiert, wobei sie das Verhalten der Dialogpartner unter Aspekten wie Eröffnung, Ziel, Verlauf, Wendepunkte, Konflikte, Konsens, Scheitern und Abbruch der Interaktion untersuchen.

Im Unterschied zur Zweiseitigkeit des Dialogs ist der Monolog (gr. *monos* = einzig, allein + *logos* = Rede) auf Einseitigkeit ausgerichtet. Hier spricht der Mensch – aus den verschiedensten Motiven – mit sich selbst, auch wenn er sich dabei nicht unbedingt akustisch hörbar äußert. Im Monolog kann er z. B.

eine Rede einüben oder sich auf eine Prüfung oder andere Gesprächssituationen vorbereiten. Er kann mit einer abwesenden Person „dialogisieren" und so tun, als sei sie anwesend. Er kann seine eigenen wirren Gedanken sprachlich zu ordnen versuchen. Er kann grübeln wie Shakespeares Hamlet in seinem berühmten Monolog. Er kann sich selbst zurechtweisen, sich Mut einreden, seine Trauer artikulieren, seiner Erleichterung Ausdruck verleihen – all dies aus der Erfahrung heraus, dass Sprache, auch dann wenn sie kein Gegenüber hat, Erfahrungen versachlicht und Gedanken und Emotionen fokussiert. In der modernen europäischen Romanliteratur ist der so genannte *monologue intérieur* verbreitet, der die Innenwelt von Romanfiguren versprachlicht.

Diskurs
Von lat. *discursus* = Erörterung. Der Diskursbegriff bezeichnet ursprünglich den wechselnden Verlauf, das Hin und Her im Gespräch bzw. Dialog. Heute ist er theoretisch stark ausgeweitet und spielt in den unterschiedlichsten Disziplinen (Rhetorik, Stilistik, Philosophie, Linguistik, Soziologie, Literaturwissenschaft) eine Rolle. Diskursanalytisch untersucht werden die verschiedenen Ausdrucks- und Umgangsformen, die Kommunikationspartner in Gesprächen, Interviews, Vorträgen, Kommentaren, Debatten, Ankündigungen etc. verwenden, wenn sie Argumente austauschen, Kritik äußern, Meinungen kundtun, Ansprüche anmelden usw., kurz: wenn sie die für ihre jeweiligen Interessenlage typischen Sprachhandlungen vollziehen. Hier ist klar, dass öffentliche Diskursformen sich von privaten unterscheiden und dass akademisch-wissenschaftliche Formen Konventionen folgen, die von denen im Bereich der Unterhaltung oder Politik abweichen. Allen gemeinsam ist jedoch, dass Interessen artikuliert werden, die Individuen oder Gruppen zur (oft kontroversen) Geltung bringen. Begrifflich verwandt mit Diskurs sind → Sprechakt, → Stil und → Jargon. Allerdings ist der Diskursbegriff stärker gesellschaftstheoretisch ausgerichtet und stellt die sozialen und politischen „Strategien" der Kommunikationsteilnehmer in den Mittelpunkt der Analysen.

Dolmetschen
siehe Übersetzen und Dolmetschen

Drehbuch
Das Drehbuch, auch Partitur des Films genannt, ist die schriftliche Unterlage eines Filmregisseurs, die ihm die Merkmale und Einzelheiten des zu drehenden kinematografischen Werkes liefert. Verfasser ist der Drehbuchautor, der (mit Ausnahmen) nicht identisch mit dem Regisseur ist. Er leistet die schriftliche Vorarbeit und legt für das Filmteam fest, wie das Werk technisch, strukturell und personell verwirklicht werden soll. Dazu zählt die Beschreibung von Handlung und Handlungsaufbau, Schauplatz, Szenenbildern, Rollenbesetzung, Konfiguration der Darsteller, Dialogen, Bild- und Szenenfolgen, Dekoration, Beleuchtung, Requisiten, Kameraeinstellungen, Tontechnik, Filmmusik u. a. Auf der Grundlage des Drehbuchs machen sich Produzent, Regisseur, Schauspieler und alle weiteren Beteiligten ein Bild vom Filmprojekt, inklusive Zeit- und Kostenplan. Gestalterisch ins Werk gesetzt wird der Film dann vom Regisseur und weiteren Fachleuten (Maskenbildner, Toningenieure, Requisiteure, Beleuchter etc.), denen die konkrete Durchführung des Projekts obliegt.

E

Emblem, Emblematik
Von gr. *emblema* = Eingefügtes. Ein Bildzeichen mit einem festen, eng begrenzten Sinngehalt, das bestimmte Gruppen als Identitäts- und Repräsentationsmerkmal benutzen. Bäcker verwenden traditionellerweise eine stilisierte Bretzel vor ihrer Bäckerei, Schmiede zeigen Hammer und Amboss, Gaststätten einen Bierkrug oder Weinpokal. Adelsfamilien führen meist Embleme mit heroischen Bildmotiven (Adler, Löwe, Drache, Greif, Schwert, gepanzerte Faust u. dgl.) in ihrem Familienwappen, um sich optisch kenntlich zu machen. (Hier überschneidet sich die Emblematik mit der Heraldik, der Wappenkunde.) Einige Nationen führen Embleme in ihren Nationalflaggen und legen auf diese Weise (wie die frühere Sowjetunion mit Hammer und Sichel) politische Bekenntnisse ab. Die Emblematik als Kunst der Anfertigung und Gestaltung von Emblemen stand im Mittelalter bis in die Renaissance hoch im Kurs. Heute spielt sie nur mehr eine untergeordnete Rolle, findet sich gelegentlich aber

noch in der Werbung (z. B. bei der Präsentation von Firmen-Emblemen). Der Unterschied zwischen → Symbol und Emblem besteht in dem eng definierten, konstanten Bezug des Emblems gegenüber einer „freieren" Bedeutung des Symbols. In der Verwendung von Emblemen spiegelt sich historisch und psychologisch die Vormacht des konkret Bildhaften gegenüber dem abstrakt Sprachlichen → Logo.

Emendation
Von lat. *emendatio* = Verbesserung. So wird in der → Philologie die Korrektur von Problemen oder Fehlern in Manuskripten genannt, die ein Herausgeber (Editionsphilologe) in einem von ihm editierten Text vornimmt. Dabei handelt es sich entweder um die Wiederherstellung unleserlicher (beschädigter, fleckiger, unvollständiger) Textstellen oder um die Beseitigung offenkundiger (Ab-)Schreib oder Druckfehler. In kritischen Ausgaben werden die vorgenommenen Emendationen in Fußnoten oder in einem Anhang vom Herausgeber erläutert und begründet. In schwierigen Fällen, d. h. bei stark „korrumpierten" Texten sind Herausgeber zuweilen gezwungen, mit → Konjekturen (begründeten Vermutungen) zu arbeiten, um die Vollständigkeit und Echtheit von Texten wiederherzustellen. Je älter das Textmaterial, desto wichtiger und anspruchsvoller ist in der Regel die Arbeit der Emendation.

Enkodierung
siehe Kode, Enkodierung, Dekodierung

Epigraphik
Von gr. *epi* = darauf, daneben, bei + *graphike techne* = Schreibkunst. So nennt sich in der historischen Sprachwissenschaft die Inschriftenkunde. Sie befasst sich mit frühen Texten, die noch nicht auf Papyros, Pergament oder auf das heute übliche Papier geschrieben wurden, sondern in haltbare Materialien wie Stein, Marmor, Metall, Ton oder Holz eingemeißelt, -geschnitzt, -geprägt oder aufgemalt wurden. Der Epigraphik geht es um die Erforschung und Auswertung von Aufzeichnungen in alten Kulturen, um daraus historische und philologische Erkenntnisse über das soziale und geistige Leben dieser Kulturen zu gewinnen. Die Aufzeichnungen sind überwiegend sakrale, von Priestern gefertigte Schriften,

aber u. U. auch lebenspraktische Notizen für Buchhaltungszwecke oder Chroniken. Interessanterweise hat die Wissenschaft auch „nutzlose" Zeichen entdeckt, die als Vorläufer der heutigen → Graffiti gelten können.

Ethnolekt

Im Unterschied zum → Dialektbegriff, der Mundarten bezeichnet, und → Soziolekt, der sich auf Gruppensprache bezieht, wird von Ethnolekt gesprochen, wenn sich durch multikulturelle Einflüsse „Sprachinseln" (hauptsächlich in bestimmten Großstadtvierteln) herausgebildet haben, die eigene, von der Ethnie der Sprecher geprägte Sprachformen erkennen lassen. Sie entstehen als Folge zunehmender Migration und mischen Elemente fremdsprachiger → Lexik und → Syntax (Türkisch, Arabisch, Russisch, Suaheli u. a.) in den Grundbestand der Landessprache. Meist sind es Jugendliche, die hier „kreativ" sind und hybride Alltagssprachen entwickeln. Grundsätzlich ist das Phänomen nicht neu, denn es begegnet uns andernorts in den Sprachformen, die als → Pidgin bezeichnet werden. Das sind Behelfs- oder Brückensprachen, die Kommunikation zwischen Menschen ermöglichen, die keine gemeinsame Sprache haben. Einige Wissenschaftler sind der Auffassung, dass es sich bei dieser (populär auch Kiez-Deutsch genannten) Sprache um eine eigene → Varietät handelt, während andere auf die Kurzlebigkeit und Wechselhaftigkeit der Erscheinungen hinweisen, die keine Eigenständigkeit erkennen lasse und eine linguistische Beschreibung schwierig mache. Die instabilen, fluktuierenden, ungrammatischen Formen machen es derzeit auch unmöglich, Prognosen über den längerfristigen Einfluss auf die Standardsprache zu erstellen. Theoretisch denkbar ist ihre allmähliche strukturelle Veränderung unter dem Einfluss der Ethnolekte, aber auch die Bildung einer sprachlichen Zwei- oder Mehrklassengesellschaft. Wo Ethnolekte sich als flüchtige Modeerscheinungen erweisen, muss auch mit ihrem baldigen Rückgang oder Verschwinden gerechnet werden.

Etymologie

von gr. *etymologia*. Das ist die Lehre vom Ursprung und der Herkunft der Wörter. Ein Etymon ist die Wortwurzel oder das Stammwort eines → Lexems. Von ihren frühesten Erscheinungsformen bis zu ihrer aktuellen

Gestalt durchlaufen die meisten → Wörter eine lange, wechselvolle Geschichte, die beträchtliche Veränderungen in → Morphologie und → Semantik bewirken kann. Bedeutungen wandeln sich, Lautungen verschieben sich, Schreibweisen unterliegen Reformen oder allmählichen Vereinfachungen. Oftmals sind die frühen in den späteren Formen kaum wiederzuerkennen, zumal wenn sie kulturelle und geographische Grenzen überschritten haben und den Strukturen anderer Sprachen angepasst wurden. Die Etymologie des aktuellen deutschen Wortschatzes lässt erkennen, dass die meisten Wörter indogermanischen oder nordischen Ursprungs sind, aber auch andere Sprachen wie Hebräisch, Arabisch, Griechisch und Lateinisch haben als Quellen gedient. So ist das Stammwort von „Dämon" (relativ einfach erschließbar) das griechische *daimon*, das Stammwort von „Schrift" ist das lateinische *scriptio*, das Stammwort von Magazin ist das arabische *maḫzan*, das Stammwort von „Hebräer" ist das (nur vom Fachmann erschließbare) althebräische *habiru*.

Euphemismus
Von gr. *euphemein* = gute Worte gebrauchen. Damit wird eine Ausdrucksweise bezeichnet, die einen dem Sprecher/Schreiber unangenehm, anstößig oder heikel erscheinenden Sachverhalt verhüllt und ihn „schönredet", um ihn erträglich erscheinen zu lassen. Das Motiv kann Schamgefühl, Rücksichtnahme, Scheu, Prüderie, Zimperlichkeit oder auch Angst vor Tabubrüchen sein. Durch den Gebrauch von Euphemismen verhüllt man mittels der Sprache eine „harte", als belastend empfundene Wirklichkeit. Ein typischer Euphemismus ist z. B. das Verb „entschlafen" für „sterben". Der Vorgang wird damit zwar biologisch verfälscht, aber psychologisch erträglicher. Ähnlich: „im Feld bleiben" statt „im Krieg getötet werden". In der Vergangenheit sprachen gläubige Christen eher vom „Leibhaftigen" als vom Teufel, denn den Teufel namentlich nennen galt als gefährlich (Rumpelstilzchen-Effekt). Auch Fremdwörter können u. U. als Euphemismen dienen, so z. B. wenn jemand für „schwitzen" das Verb „transpirieren" verwendet, weil es ihm weniger vulgär erscheint. „Kreative Buchführung" kann ein Euphemismus für Bilanzmanipulation sein, wobei dieser Ausdruck vordergründig beschönigend wirkt, hintergründig aber Spott oder Tadel ausdrückt (→ Ironie).

Evolution (der Sprachen)
Von lat. *evolvere* = hervortreten, sich entwickeln. Zur Beschreibung der Sprachgeschichte und des → Sprachwandels gebrauchen Linguisten zuweilen den Begriff Evolution, obwohl dieser Gebrauch problematisch ist. Er impliziert nämlich eine Analogie zwischen sprachlicher und biologischer Entwicklung i. S. d. Darwinismus, die als solche nicht besteht. Charles Darwin beschrieb die Vorgänge in der Natur als Differenzierungsprozesse infolge von Mutation, Selektion und Adaptation. Diese treten als die Anpassung von Organismen an wechselnde Umweltbedingungen auf, was auf sprachliche Veränderungen nur sehr bedingt zutrifft, da hier Einflüsse wirken, die mehr mit kulturellen, gesellschaftlichen und politischen als mit biologischen Faktoren zu tun haben. Sprachen wandeln sich zwar, aber sie „mutieren" nicht und folgen auch keinen selbstgesteuerten Selektionsprozessen. Was den Evolutionsbegriff im weiteren Sinne rechtfertigt, ist die Beobachtung von sehr allmählich stattfindenden Prozessen, die sich willkürlichen Zugriffen zu entziehen und eigenen Entwicklungsgesetzen zu folgen scheinen. Aber: Die Durchführung von politisch initiierten Sprachreformen oder auch epochale Ereignisse wie die Bibelübersetzung Martin Luthers zeigen, dass willkürliche Eingriffe des Menschen möglich sind. Sie haben mit den Vorgängen von Mutation, Selektion und Adaptation nichts zu tun.

Explizitheit – Implizitheit
Von lat. *explicare* bzw. *implicare*. Mit diesen Begriffen aus der Bedeutungslehre (→ Semantik) wird der Grad der Ausdrücklichkeit oder Bestimmtheit einer Äußerung gegenüber der Nicht-Ausdrücklichkeit (dem was nicht direkt geäußert, aber indirekt gemeint war) bezeichnet. Längst nicht alle sprachlichen Äußerungen sind semantisch so festgelegt, dass sie ihre Bedeutung voll ausschöpfen und dem Verständnis keinen Raum für weiterführende Gedanken oder Folgerungen bieten. Oftmals haben sie Implikationen, die im Gesagten oder Geschriebenen das Nichtgesagte enthalten. Es handelt sich dabei um Angedeutetes oder Suggeriertes oder Mitgemeintes, das – gewollt oder ungewollt – den Bedeutungsrahmen erweitert. In öffentlichen Diskursen und offiziellen Äußerungen ist hohe Explizitheit gewöhnlich wünschenswert, weil sie Sachverhalte klar macht und Missverständnisse ausschließt. Im privaten

Sprachgebrauch, aber auch in der Literatur, wird vieles nur impliziert, weil entweder kein besonderes Bedürfnis nach höherer Explizitheit besteht oder weil ein Sprecher zu bequem ist, seine Aussagen expliziter zu machen. Beispiel aus der Tagespresse: „Diese unpopuläre Meinung in der Öffentlichkeit zu äußern, impliziert außergewöhnlichen Mut." Beispiel aus einem juristischen Kommentar: „Explizit erwähnt dies der Vertragstext zwar nicht, aber implizit dürfte klar sein, dass diese Auslegung des Klägers abwegig ist."

F

Fachsprachen
In dem Maße, in dem die gesellschaftliche Differenzierung zur Entstehung ständig neuer Berufe führt, nimmt auch die Zahl der Fachsprachen zu. Tendenziell besitzt heute jede berufliche Sparte ihren eigenen sprachlichen Mikrokosmos, der in erster Linie das Vokabular, in manchen Fällen aber auch die Syntax betrifft. Es handelt sich also nicht um eigenständige Sprachen, sondern um berufsspezifische linguale Besonderheiten. An vorderster Front dieser Tendenz stehen die wissenschaftlichen und akademischen Berufe, deren rasante Vermehrung zu einer inzwischen unübersichtlichen Zahl an → Neologismen geführt hat (meist Übernahmen aus dem Griechischen und Lateinischen), aber auch zu neuen Kreationen wie in der → Computersprache. Auch ohne sie zu verstehen, können Laien Fachsprachen meist problemlos identifizieren, da Juristen deutlich anders sprechen und schreiben als Mediziner und diese wiederum anders als Physiker, Psychoanalytiker oder Theologen. Dass der folgende Satz aus einer medizinischen Diagnose stammt, ist unmittelbar einleuchtend: „Herr P. leidet an chronischen Herzrhythmusstörungen mit interimistisch auftretenden extrasystolischen Schlägen." Und dass der folgende einem Juristenhirn entsprungen ist, dürfte ebenso klar sein: „Gemäß Art. 1,2,6,8 des Kostengesetzes (KG) i. d. F. der Bek. vom 25. Juni 1969 (GVBl, S. 165), zuletzt geändert durch Gesetz vom 24. August 1978 (GVBl S. 561) i. V. m. dem 2. Teil des Kostenverzeichnisses, Tarif-Nr. IV, 8, 2a … wird folgende Gebühr festgesetzt…"

Aber auch für den nicht-wissenschaftlichen Sektor gilt, dass die dort angesiedelten Berufe ihre eigenen Idiome ausbilden. Handwerker, Seeleute, Landwirte,

Feuerwehrmänner, Sportprofis – sie alle pflegen ihre Berufssprache. Das Phänomen ist ambivalent; denn einerseits ist diese Pflege zur fachlichen Verständigung unverzichtbar, andererseits können „zentrifugale" Tendenzen auftreten, die von der Standardsprache wegführen und Verständnisprobleme verursachen (→ Textverständlichkeit). Nimmt eine Fachsprache aus der Sicht von Laien gänzlich unverständliche Formen an, wird sie spöttisch auch als „Fachchinesisch" bezeichnet.

Faksimile
Von lat. *fac simile* = mache ähnlich! Faksimiles sind Nachbildungen von Text- oder Bildvorlagen, Handschriften, seltenen Druckwerken oder Skizzen, Zeichnungen und Entwürfen, deren Originale nicht (mehr) verfügbar sind, die aber möglichst genau und anschaulich wiedergegeben werden sollen. Faksimiles finden sich häufig in kunsthistorischen und wissenschaftsgeschichtlichen Werken, wo sie es dem Leser/Betrachter gestatten, die Nachbildungen der Originale in Augenschein zu nehmen und sich ein möglichst getreues Bild davon zu machen. Da die Originale z. B. der Zeichnungen Leonardo da Vincis heute nur wenigen Fachleuten zugänglich sind, erfüllen Faksimiles für Interessenten den Zweck einer graphischen Annäherung. In der Vergangenheit wurden Kopien als Nachzeichnungen sowie Holz- und Kupferstiche herangezogen. In der Gegenwart werden Faksimiles gewöhnlich durch fotomechanische Reproduktion angefertigt. Die heute üblichen Fotokopien sind, da sie nicht mit den Vorlagen identisch sind, im Wortsinn Faksimiles. Sie haben einen Qualitätsstandard erreicht, der eine Unterscheidung von Original und Abbild dem menschlichen Auge fast unmöglich macht. Die heute verbreiteten Fax-Geräte haben ihren Namen vom Faksimile.

„Falsche Freunde"
So werden in der Sprachwissenschaft und -didaktik ähnlich oder gleich geschriebene Wörter aus verschiedenen Sprachen bezeichnet, die aufgrund graphischer Übereinstimmung den Eindruck erwecken, sie seien bedeutungsgleich. Das heißt, es werden wortsemantische Entsprechungen gesehen, wo keine sind. So wird das englische Adjektiv *sensible* oft gleichgesetzt mit dem deutschen *sensibel*, obwohl das eine *vernünftig* und das andere *empfindlich*

(sensitiv) bedeutet. Und so wird das englische *actual* im Sinne des deutschen *aktuell* verstanden, obwohl das eine *wirklich* oder *tatsächlich* bedeutet und das andere *zeitgemäß* oder *gegenwartsnah*. Das französische *fidèle* (treu; gläubig) steht in Gefahr, mit dem deutschen *fidel* (vergnügt) gleichgesetzt zu werden oder *pousser* (stoßen) mit *poussieren* (flirten, anbändeln). Und die spanische *Costa brava* ist keine brave, sprich artige Küste, sondern eher das Gegenteil: eine wilde Küste. Etymologisch entstammen solche Wörter zwar einer Wurzel, aber semantisch haben sie sich in der Sprachgeschichte auseinander entwickelt. Daher „falsche Freunde" oder „faux amis" als notorische Stolpersteine beim Fremdsprachenlernen.

Fehlerlinguistik
ist ein Zweig der Sprachwissenschaft, der das Auftreten grammatischer, lexikalischer oder phonologischer Fehler bei Individuen oder Gruppen systematisch analysiert, um zu Aussagen über die Verursachung der Fehler durch innere oder äußere Einflüsse zu kommen. Fehler treten mehr oder minder häufig bei allen Benutzern einer Sprache, nicht nur bei Sprachlernern, auf. Sie können ihre Ursachen entweder in bestimmten schwierigen Sachverhalten im jeweiligen Sprachsystem haben (im Deutschen z. B. in den vertrackten Regeln über Groß- und Kleinschreibung, Zusammen- und Getrenntschreibung) oder auf bestimmte Schwächen in der → Kompetenz bzw. beim aktuellen Sprachgebrauch der Sprecher hinweisen (z. B. kognitive Mängel, Überforderung, Unkonzentriertheit, Vergesslichkeit, mangelnde Übung u. dgl.). Grundsätzlich ist zu unterscheiden zwischen harmlosen „Versprechern", die allen Sprechern gelegentlich unterlaufen und die auf momentane „Fehlschaltungen" im Gehirn hindeuten, und Fehlern, die systemisch bedingt sind und auf falsch Eingeübtes oder auf tiefere neurolinguistische Probleme hinweisen. Die Fehler werden diagnostiziert und kategorisiert, so dass sie den Wissenschaftlern einen Überblick über Fehlerarten, -häufigkeit, -verteilung und (eventuelle) Therapiefähigkeit ermöglichen.

Bei Lernern von Fremdsprachen ist die größte Fehlerquelle gewöhnlich die unten näher beschriebene → Interferenz, die auftritt, wenn Strukturen der Erstsprache S1 auf die Strukturen der Zeitsprache S2 übertragen werden, die das S2-System verletzen. Fehler dieser Art lassen sich bei tieferem Eindringen in die Zweitsprache im Laufe der Zeit vermeiden oder reduzieren. Für die Fremdsprachendidaktik sind die Erkenntnisse der Fehlerlinguistik wichtig für die Entwicklung von Übungs- und Korrekturverfahren.

Feministische Linguistik
Von lat. *femina* = Frau. Der im 19. und 20. Jahrhundert in der westlichen Welt entwickelte Feminismus hat auch die Sprachen, die Sprachtheorien und die Sprachkritik nicht unbeeinflusst gelassen. Heute wissen wir: Frauen und Männer sprechen/schreiben nicht gleich. Sie denken nicht gleich und handeln auch nicht nach gleichen, sprachneutralen Motiven. Das Interesse der feministischen Linguistik ist zunächst ein historisches: Sie will klären, wie die Sprachgeschichte die Rolle der Frau und die Differenz der Geschlechter behandelt hat. Hierbei geht es um eine Rekonstruktion der Bewusstseins- und Ausdruckformen der beiden Geschlechter im Wandel der Zeiten. Zudem will sie die gesellschaftspolitischen und sprachpädagogischen Folgen erforschen, die das patriarchalische Erbe mit seinen männlichen Herrschaftsansprüchen für die indoeuropäischen Sprachen gehabt hat. Hier geht es um Bemühungen, geschlechtsneutrale Begriffe zu verwenden, nicht-diskriminierende Bezeichnungen zu finden und grammatisch „unverdächtige" Formen einzuführen.

Die Verfolgung beider Ziele ist in aufgeklärt-demokratischen Gesellschaften, die Mann und Frau als gleichberechtigt ansehen, legitim. Umstritten sind allerdings Neuerungen, die forciert weibliche Formen wie „Mitgliederinnen" oder „Demokratinnen" schaffen und dabei verkennen, dass es sich bei Pluralformen wie Mitglieder und Demokraten um Kollektivbegriffe handelt, die beide Geschlechter einschließen. Manche Kritiker machen sich einen Spaß daraus, die Bestrebungen als absurd zu entlarven, wenn sie z. B. Gast und Gäste durch „Gästin" und „Gästinnen" ergänzen oder dem maskulinen Hampelmann eine weibliche „Hampelfrau" an die Seite stellen. Sie kritisieren damit Überkompensationen, die nach ihrer Auffassung der Sache des sprachlichen Feminismus keinen guten Dienst erweisen, da sprachliche Systeme sich aufgrund ihrer Konventionalität nicht „sprachpolizeilich" verändern lassen.

Floskel
Von lat. *flosculus* = Blümchen. Ursprünglich, in der antiken Rhetorik, die Bezeichnung für kurze →Sentenzen mit blumigem Charakter. Heute wird unter Floskel eine verbreitete und häufig benutzte Ausdrucks- oder Redeweisen verstanden, die einer substanziellen Bedeutung und kommunikativen Funktion entbehrt. Floskeln sind „platte", relativ inhaltlose Sprachhülsen, die oft gedankenlos nachgeplappert werden, weil sie bequem und eingefahren sind. Der Sprachwissenschaftler Hans-Otto Schenk nennt sie „Papageien-Deutsch" und glaubt, in jüngster Zeit eine epidemische Verbreitung hierzulande beobachtet zu haben. So gibt es Anredefloskeln als überkonventionalisierte Redeweisen („Meine sehr verehrten Damen und Herren"); Höflichkeitsfloskeln („Glückwunsch für unseren hoch geschätzten Kollegen"); Verlegenheitsfloskeln als Füllsel („Also, das ist, ich sag mal, ..."); Standardfloskeln in Arbeitszeugnissen („Herr A. bemühte sich stets um Sorgfalt bei der Arbeit"); Floskeln im Alltagsdeutsch („Das ist leider Gottes nicht möglich"); in der Politik („auf Augenhöhe verhandeln"); in der Wirtschaft („flächendeckender Mindestlohn"); im Sport („Leistungspotenzial einer Mannschaft abrufen").

Fremdwörter vs. Lehnwörter
Es gibt keine Sprache auf dieser Welt, die vollkommen autonom, abgeschottet und in sich ruhend existierte. Migrationen, Revolutionen, Kriege, kultureller Austausch, Handel und Verkehr haben zur Folge, dass zwischen den Sprachen Kontakte stattfinden, die systemverändernd und -erweiternd wirken können. Dabei werden Wörter und Begriffe übernommen, die bislang namenlose, aber vorhandene Sachverhalte benennen (also Defizite ausgleichen). Oder es werden → Lexeme „importiert", die aus unterschiedlichen Gründen als nützlich oder bereichernd empfunden werden. Solange solche Lexeme als neu und relativ ungewohnt erscheinen, werden sie lexikalisch als „Fremdwörter" geführt, denn ihnen haftet hör- und sichtbar noch ihre fremde Herkunft an. Werden sie übernommen, weil sie Lücken füllen, verlieren sie rasch diesen fremden Charakter und werden zu „Lehnwörtern". So war das Wort „Friseur" ursprünglich ein aus dem Französischen importiertes Fremdwort. Da es im Deutschen eine Lücke füllte, wurde es rasch assimiliert und zu einem Lehnwort (zuweilen auch eingedeutscht „Frisör" geschrieben). Es ist denkbar, dass das englische „Hairdresser" eine ähnliche

Entwicklung vom Fremd- zum Lehnwort nimmt, da ihm einschlägige Firmen heute bereits den Vorzug geben. Der Prozess der Assimilation kann so weit gehen, dass weder der Fremdwort- noch der Lehnwortcharakter wahrgenommen wird. Beispiele: *Gulasch* (ungarisch), *Marmelade* (portugiesisch), *Sofa* (arabisch), *Kiosk* (türkisch), *Garage* (französisch). Es gibt Sprachen, die so intensiv entlehnt haben, dass sie mehr Lehnwörter als angestammte Wörter besitzen.

G

Genus
Von lat. *genus* = Geschlecht. Während die Natur auf unserem Planeten (mit einigen Ausnahmen) die Existenz von zwei Geschlechtern, männlich und weiblich, vorgesehen hat, können Sprachen bei der Benennung von „Sachen" von diesem Naturgesetz abweichen. Bei der Ausprägung des grammatischen Geschlechts von Lexemen treten allerlei Varianten auf. Während z. B. die englische Sprache mit der Verwendung der Artikel *the* und *a* auf die Festlegung eines grammatischen Geschlechts völlig verzichtet, kennt die deutsche Sprache mit *der, die, das* bzw. *einer, eine, eines* drei verschiedene grammatische Geschlechter, die oft in keinerlei Beziehung zum natürlichen Geschlecht der bezeichneten „Objekte" stehen. Alltagssprachlich ist es *der* Hund und *die* Katze, obwohl es sich im konkreten Fall um eine Hündin bzw. einen Kater handeln kann. Und es ist – gleichermaßen absurd – geschlechtsneutral *das* Kind, auch wenn es dergleichen biologisch nicht gibt. Ein ähnlicher Fall: das (inzwischen obsolete) Fräulein, welches im Unterschied zur spanischen *señorita* und italienischen *signorina* grammatisch zur Geschlechtsneutralität, sprich Sächlichkeit, verdammt war, während ihre Pendants sich seit jeher einer Entsprechung von natürlichem und grammatischem Geschlecht erfreuen können. Der Beispiele gibt es viele. So ist kulturanthropologisch kurios, dass die meisten Sprachen den Mond als weiblich und die Sonne als männlich designieren, während die deutsche Sprache umgekehrt damit verfährt. Kurzum: Grammatisches und natürliches Geschlecht sind nicht identisch, von den einen auf das andere schließen zu wollen, ist (meist) ein Fehlschluss. Im → linguistischen Feminismus wird dieser fundamentale Sachverhalt oft ignoriert.

Gespräch
Als grundlegend unter den kommunikativen Umgangsformen der Menschen gilt das Gespräch. Im Gespräch findet ein relativ spontaner verbaler Austausch zwischen zwei oder mehr Individuen statt, die sich über die Welt, ihre Situation darin, ihre Erwartungen und Meinungen darüber verständigen. Im Unterschied zu Formen schriftlicher Verständigung, die stets ein erhöhtes Maß an sprachlich-intellektueller Disziplin erfordern, vollziehen sich Gespräche wegen ihrer unmittelbaren interaktiven Dynamik eher informell. Man spricht schneller als man schreibt, formuliert salopper, verhaspelt sich leichter und nimmt Regelverletzungen weniger „tragisch". Bei der Unterredung mehrerer engagierter Gesprächspartner kann es leicht zu einem „Gesprächschaos" kommen, wenn Emotionen mit den Teilnehmern „durchgehen" oder wenn sie einander nicht zu Wort kommen lassen. Aber: Entgegen dem ersten Anschein haben Gespräche durchaus ihr eigenes, unreflektiert wirksames Regelwerk, das sich durch Gesprächsanalysen ermitteln lässt. Näher betrachtet handelt es sich nämlich um strukturierte Tätigkeiten, bei deren Ausführung – jenseits grammatischer Regeln – eine Reihe grundlegender Konventionen waltet. So gibt es typische Gesprächseröffnungen: „Guten Abend. Ich freue mich, Sie hier so zahlreich versammelt zu sehen", wie es auch typische Gesprächsbeendigungen gibt: „Es ist spät geworden; wir sollten…". Es gibt Gebote der Höflichkeit, die den Austausch in einem psychosozial annehmbaren Rahmen halten. So gilt Dazwischenreden als unfein, weil es das Gespräch stört. Es gibt ein Repertoire an Komplimenten, die nicht selten auch dann ausgesprochen werden, wenn die Worte die Wirklichkeit „verbiegen": „Wir danken Ihnen für diesen hochinteressanten Beitrag", obwohl Zuhörer eingeschlafen sind. Es gibt Rollenverteilungen, die hierarchisch oder funktional festlegen, wer wann das Wort führen darf: „Ich möchte zunächst unseren Herrn Direktor um ein Wort dazu bitten". Es gibt Sanktionen gegen Teilnehmer, die „Spielregeln" verletzt haben: „Diesen unverschämten Kerl laden wir zur nächsten Gesprächsrunde nicht mehr ein." Kurzum: Bei aller möglichen Spontanität handelt es sich bei Gesprächen um ritualisierte, konventionell gesteuerte Vorgänge, die verbale Anarchie verhindern. Welche Spielregeln jeweils konkret für die Aufrechterhaltung der Gesprächsordnung gelten, wird vom jeweiligen Anlass, den Teilnehmern und dem formalen sozialen Rahmen bestimmt.

Ghostwriter

Engl. gleichlautend *ghostwriter* = (wörtlich) Geistschreiber. In dieser Übersetzung wird der Begriff im Deutschen kaum jemals benutzt. Man verwendet fast ausschließlich das englische „Ghostwriter", um einen Schriftsteller zu bezeichnen, der für einen Auftraggeber gegen Bezahlung dessen Werk(e) verfasst. Ghostwriter werden engagiert, weil der jeweilige Autor nicht über die Zeit verfügt, um selbst tätig zu werden, oder weil er nicht das notwendige schriftstellerische Talent hat, um Bücher zu schreiben und zu veröffentlichen. Es sind überwiegend Politiker und Prominente, die zu dieser Lösung greifen, wenn sie Biographien oder → Monographien veröffentlichen möchten, aber durch Mangel an Zeit oder Talent daran gehindert werden. Für ein auszuhandelndes Honorar verzichtet der Ghostwriter auf namentliche Nennung auf Umschlag und Titelei des publizierten Buches und damit auf Ansprüche, die Autoren rechtlich und finanziell normalerweise zustehen. Obwohl weithin praktiziert, handelt es sich – moralisch und intellektuell betrachtet – um kein ganz redliches Verfahren, da der Autor offiziell etwas unter seinem Namen veröffentlicht, was er nicht selbst verfasst hat. Geschieht dergleichen im Wissenschaftsbereich, handelt es sich um Betrug (→ Plagiat), der geahndet wird und zu rechtlichen Konsequenzen führen kann (z. B. Aberkennung eines akademischen Titels, Erlöschen der Lehrbefugnis, Ausschluss aus dem Kollegium). Handelt es sich um amtierende Politiker oder öffentliche Funktionsträger als Auftraggeber für Redetexte, werden die Autoren normalerweise nicht als Ghostwriter, sondern als Redenschreiber bezeichnet. Fast alle prominenten Politiker, die oft Reden halten, benutzen solche Schreiber.

Glossar

Von gr. *glossarion* = Wörterverzeichnis. Die ersten Wörterbücher in der Sprachgeschichte waren so genannte Glossare. Das sind Wortlisten auf verschiedenen Gebieten der Sprachkultur, die seltene, schwierige oder anderweitig besondere Wörter und Begriffe in die Standardsprache übertrugen und erläuterten. Bereits im 5. Jahrhundert v. Chr. schufen griechische Autoren solche *glossai* genannten Listen, um Uneingeweihten (Fremden, Laien, Schülern) den Wortschatz einer Region, die Redeweise von Berufssparten oder das Vokabular wichtiger philosophischer oder literarischer Werke verständlich zu machen. Der Unterschied zwischen den damaligen Glossaren und den späteren Wörterbüchern besteht also in dem eng definierten, speziellen Erklärungsbereich der ersteren gegenüber den erweiterten, generellen Ansprüchen der letzteren. Als separate Werke gibt es Glossare heute kaum noch, wohl aber als Anhang in wissenschaftlichen Werken und Fachbüchern, die ein besonderes Vokabular benutzen, das bei den Lesern nicht ohne weiteres vorausgesetzt werden kann. Insofern sind Glossare kleine, thematisch limitierte Spezialwörterbücher. Zum selben Wortfeld gehören die Begriffe *Glosse* (= erläuternde Bemerkung; heute meist i. S. v. spöttische Anmerkung gebraucht), *glossieren* (= mit einer Glosse versehen) und *Glossator* (= Verfasser einer Glosse; Kommentator).

Glossolalie
siehe Xenoglossie und Glossolalie

Graffito (meist Plural: Graffiti)
Von ital. (gleichlautend) *graffito* = in Stein geritzte Inschrift oder figürliche Darstellung. Der Begriff hat in den letzten Jahren einen beträchtlichen Bedeutungswandel und eine bemerkenswerte Internationalisierung erfahren. Er hat heute mit der Arbeit italienischer Steinmetze nur noch wenig zu tun, sondern bezeichnet eine anonyme „Kunst" der graphischen Selbstmitteilung, mittels derer Individuen oder Gruppen in ihrer sozialen Umwelt „Zeichen setzen". Diese mit Farbsprühdosen aufgetragenen Zeichen (Bilder, Figuren, Schriftzüge, Zahlen, Farbspiele, Symbole) erscheinen typischerweise an Mauern, Häuserwänden, Brücken, Bäumen, Toiletten oder auch (als *Street Art*) auf Gehsteigen. Sie können durchaus kunstvoll sein und ästhetische Bedürfnisse befriedigen, entspringen vielfach aber dem Wunsch nach „Umkodierung" einer als feindlich oder öde erlebten urbanen Realität. Dementsprechend werden Graffiti von den einen als Form zeitgenössischer Kunst akzeptiert, während sie von den anderen als Variante des Vandalismus verdammt werden. „Wildes" Graffiti-Sprühen ist in der Gesellschaft verpönt und gilt juristisch als Sachbeschädigung. Ihre Beseitigung ist kostspielig und aufwändig. Deshalb sind einige Städte und Kommunen dazu übergegangen, diese „Kunst" zu legalisieren durch Bereitstellung bestimmter Lokalitäten im öffentlichen Raum.

Grammatik

Von lat. *ars grammatica*. Das ist der Oberbegriff für das gesamte formal regulierende System einer Sprache. Die Grammatik bestimmt, wie sich das „Bauwerk" der Sprache zusammensetzt, und gibt vor, was die Benutzer davon kennen sollten und wie sie es anzuwenden haben, wenn sie ihre Sprache beherrschen und erfolgreich mit den Mitgliedern ihrer Sprachgemeinschaft kommunizieren wollen. Aus den Regeln der Grammatik ergeben sich die → Normen für „richtiges" Sprechen und Schreiben. Werden die Normen verletzt, entstehen Fehler, die zu Störungen führen. Sie können Verstehensprobleme, manchmal auch unfreiwillige Komik verursachen (wie z. B. in der dialektalen Berliner Redeweise „Det jeht mir nischt an"). Der Sprachwissenschaftler David Chrystal spricht der Grammatik eine existenziell wichtige Bedeutung zu. Er sieht sie als „Teil unseres täglichen Überlebenskampfes" und verbindet sie mit der Fähigkeit des Menschen, mit vielschichtigen Konstruktionen umzugehen. Die Grammatik als Gesamtregelwerk untergliedert sich in syntaktische, morphologische, phonologische und semantische Teilregelwerke, die den Subsystemen der Sprache entsprechen, nämlich Satzbaulehre, Wortbildungslehre, Lautlehre und Bedeutungslehre. In der Sprachproduktion und -rezeption wirken alle diese Systeme zusammen, ohne dass dies den Sprachbenutzern gewöhnlich bewusst ist, da Sprachgebrauch weitgehend automatisiert abläuft. Die Subsysteme lassen sich einzeln analysieren, jedoch gilt für die Erstellung von Schulgrammatiken und die Prinzipien der Sprachlehre, dass die Grammatik sämtlicher Subsysteme, da sie ein Gesamtsystem bilden, angemessen berücksichtigt und gelehrt wird.

In den letzten Jahrzehnten sind diverse Grammatiktheorien entwickelt worden, deren Komplexität weit über die traditionelle Sprachlehre und die Prinzipien der Schulgrammatik hinausgehen: die Generative Transformationsgrammatik, die Kasusgrammatik, die Dependenzgrammatik, die Netzwerkgrammatik, die Funktionale Grammatik, die Generalisierte Phrasenstrukturgrammatik u. a., die wir hier im Einzelnen nicht vorstellen können.

Graphem, Graphematik

Von gr. *graphema* = Schrift. Ein Graphem ist die kleinste, bedeutungsrelevante Einheit in einem Schriftsystem, die ein → Phonem oder auch eine Phonemreihe repräsentiert. In der deutschen Alltagssprache werden Grapheme gewöhnlich als Buchstaben bezeichnet, aber es gibt Sprachen (wie z. B. Mandarin), die Grapheme in Form von → Zeichen, aber nicht als Buchstaben besitzen. Grapheme und Phoneme entsprechen einander: die einen sind die schriftlich fixierten Vertreter der anderen, der hörbaren Laute. Sprachgeschichtlich gehen die Phoneme, da gesprochene Sprache älter ist als geschriebene, den Graphemen voran. Der Einsatz von Graphemen als Entsprechungen der Phoneme ist in jeder Sprache konventionell festgelegt, nicht essenziell bestimmt. Theoretisch lässt sich jederzeit ein anderes Graphem an die Stelle des zufällig benutzten setzen, um ein bestimmtes Phonem zu bezeichnen. Daher die große Fülle verschiedener Grapheme in den Sprachen der Welt (vgl. z. B. die lateinischen im Unterschied zu den griechischen oder die hebräischen im Unterschied zu den kyrillischen Buchstaben). Dementsprechend ist die Graphematik der Zweig der Sprachwissenschaft, der Grapheme unter den Aspekten ihres Vorkommens, ihrer Verteilung, Kombinierbarkeit und Unterscheidbarkeit untersucht.

Graphologie
Von gr. *graphein* = schreiben + *logos* = Lehre. Die Graphologie ist eine sehr alte „Disziplin", mit der sich bereits antike Philosophen und Magier beschäftigten. Sie basiert auf der Hypothese, dass es einen signifikanten Zusammenhang gibt zwischen der Handschrift eines Menschen und seinem Charakter, seinen Neigungen, Eigentümlichkeiten, Stärken und Schwächen. Dabei werden Merkmale wie Schriftgröße, Regelmäßigkeit, Zeilenausrichtung, Schriftwinkel, Buchstabenform, Wortabstände u. a. zum Anlass von Schlüssen auf die Person des Schreibers genommen. Mit Vorliebe haben Graphologen die Handschrift prominenter Zeitgenossen gedeutet, um sie zu charakterisieren. So glaubte man z. B. aus der Handschrift von Napoléon Bonaparte die „ausgeprägte Willenskraft", sowie seinen „Ehrgeiz" und sein „Geltungsbedürfnis" herauslesen zu können, während in der Handschrift von Wolfgang Amadeus Mozart z. B. die „sinnliche Zärtlichkeit in der steigenden und fallenden Bewegung der Buchstaben" diagnostiziert wurde. Graphologische Analysen basieren jedoch weniger auf Analysen im wissenschaftlichen Sinne als auf Interpretationen im intuitiven oder einfühlenden Sinne. Bis heute fehlen wissenschaftliche Beweise, mit denen die Verlässlichkeit und Genauigkeit graphologischer Methoden empirisch erhärtet werden könnten, so dass Skeptiker

glauben, es eher mit Scharlatanerie als mit seriöser Erkenntnisgewinnung zu tun zu haben. Nichtsdestotrotz erfreuen sich „graphologische Gutachten" bis dato großer Beliebtheit z. B. bei Firmenchefs, welche so die berufliche Eignung von Mitarbeitern ermitteln wollen.

H

Hieroglyphe
Von gr. *hieroglyphika* = heiliges Zeichen. Das ist ein Zeichen auf früher Stufe der kulturellen Entwicklung, das sakrale Inhalte repräsentiert und magische Funktionen ausübt. Der Gebrauch war gewöhnlich eingeweihten Kreisen, Priestern oder Schamanen, vorbehalten. Dementsprechend sind Hieroglyphen nicht als Kommunikationsmittel im Sinne heutiger Sprachverwendung aufzufassen, sondern als Mittel einer Vergegenwärtigung des Heiligen, Erhabenen oder Dämonischen. Im magisch-mythischen Bewusstsein des Menschen haben Zeichen nämlich ebenso wie Bildnisse, Statuen oder Fetische die Fähigkeit, das Göttliche oder Dämonische unmittelbar zu repräsentieren. Das heißt, sie bezeichnen nicht etwas, wie es z. B. → Piktogramme tun, sondern evozieren und beschwören das, was sie bezeichnen. In den intakten kulturellen Systemen der Antike und Vor-Antike (Assyrien, Phrygien, Ägypten, Inkareich u. a.) besaßen Hieroglyphen eine geistige Potenz, die den Unterschied zwischen → Zeichen und Bezeichnetem nicht kannte und das Geistige im Materiellen als unmittelbar anwesend erscheinen ließ. Gleiches gilt für die germanischen Runenzeichen und ihre magischen Funktionen. Uns Heutigen mag dies abergläubisch vorkommen, ehedem war es „heilige" Wirklichkeit. Schwer entzifferbare Zeichen oder unklare Buchstabenfolgen werden heute oft geringschätzig als Hieroglyphen bezeichnet, was unangemessen ist, aber noch einen Rest der esoterischen Scheu bewahrt, die ursprünglich diesen Zeichen entgegengebracht wurde.

Homonym
wird ein Wort genannt, das mit einem anderen Wort gleich lautet (von gr. *homonymos*), aber sich davon in seiner Bedeutung unterscheidet. Beispiele: kosten

(Geld kosten) vs. kosten (Speise probieren); einen Hut tragen vs. auf der Hut sein; Gericht (als Ort der Rechtsprechung) vs. Gericht (als zubereitetes Essen). Was jeweils gemeint ist, kann vom Hörer/Leser nur tiefenstrukturell entschieden werden → Oberflächen- vs. Tiefenstruktur.

Homophon
bezeichnet ein Wort im Gleichklang mit einem anderen Wort (von gr. *homophonos*): Homophone lauten gleich, werden aber verschieden geschrieben (→ Graphem). Beispiele: Leere vs. Lehre, Lied vs. Lid, Leib vs. Laib, Miene vs. Mine. Homophonie ist der Zustand des verbalen Gleichklingens, der auch oft gezielt als poetisches Gestaltungsmittel in der Lyrik oder der Werbung benutzt wird. In der Alltagssprache können Homophone zu Verständnisproblemen führen, wenn der semantische Bezug unklar bleibt. Beispiel: Jemand spricht von „einer ganz neuen Saite". Ist nun eine Saite in einem Musikinstrument gemeint? Oder eine Seite in einem Buch? Oder (metaphorisch) eine ganz neue Seite im Charakter eines Menschen? Die richtige Antwort setzt eine semantische Prüfung des Kontexts (→ Text und Kontext) voraus. Von Homophonie (als Gegensatz zur Polyphonie) ist auch in der Musik die Rede.

Hyperbel
Von gr. *hyperbol*e = Übermaß. In der Sprache ist eine Hyperbel etwas anderes als in der Geometrie: keine graphisch abbildbare Figur, sondern eine Ausdrucksweise, die von der Übertreibung lebt. Man spricht von hyperbolischer Rede- oder Schreibweise. Der Sprecher/Schreiber fühlt sich veranlasst, einen Sachverhalt um der Emphase willen über das Gewöhnliche hinaus ins Extreme zu steigern. Der Eindruck soll dadurch intensiviert und die lebendige Anschauung des Sachverhalts vergrößert (plastischer) werden. Gängige Hyperbeln sind z. B. Adjektive wie *blitzschnell, tausendmal, himmelhoch, bettelarm, stinknormal* oder Wendungen wie *sich totlachen, Berge versetzen, vor Wut platzen*. Sie sind in der Umgangssprache verbreitet und dem Volksmund geläufig. Allerdings laufen sie Gefahr, zu abgegriffenen und nichtssagenden Formeln, zu toten → Metaphern, zu werden (z. B. *Riesenhunger haben*). Hyperbeln sind bereits im antiken und klassischen Schrifttum vertreten. Wir finden sie in der Bibel, bei Vergil, Horaz, Shakespeare, Schiller u.v.a.

Hypotaxe
siehe Syntax, Parataxe und Hypotaxe

I

Idiolekt, Idiosynkrasie
Von gr. *idios* = eigen, eigentümlich + *synkrasis* = Mischung. Bezieht man die aktuell gesprochene bzw. geschriebene Sprache auf die einzelnen Sprachbenutzer, um sie zu vergleichen, erkennt man, dass keine zwei Sprecher sich ihrer Sprache in exakt der gleichen Weise bedienen. Im Vokabular, in der → Syntax, der → Phonetik und →Idiomatik bestehen individuell bedingte Unterschiede, die, sofern sie nicht zufällig auftauchen, als Idiolekt beschreibbar sind. Idiolekte sind die „Sprachen" als Sprachgewohnheiten einzelner Menschen, die auf unterer (individueller) Ebene das Pendant von → Dialekten auf höherer (kollektiver) Ebene darstellen. Es sind (meist geringfügige) Abweichungen von der → Norm, die so etwas wie die sprachlichen Markenzeichen der Menschen darstellen. Bei deutlicheren Abweichungen oder Normverletzungen, die in der Öffentlichkeit auffallen, spricht man von Idiosynkrasien. Das sind auffällige sprachliche Gewohnheiten oder Eigentümlichkeiten, welche den Betroffenen entweder nicht bewusst sind oder absichtlich gepflegt werden, um „linguistische Duftmarken" zu setzen. Dieses Phänomen, z. B. ein bestimmter Singsang in der Intonation oder der Gebrauch wiederkehrender → Floskeln in der Lexik, tritt bei Vielrednern recht häufig auf. Oft wird es von charakteristischem Minenspiel oder typischen Handbewegungen begleitet (→ Paralinguistik). Satirikern dienen solche Idiosynkrasien mit Vorliebe als Zielscheibe von Spott.

Idiom, Idiomatik
Von gr. *idioma* = Eigentümlichkeit. Der Begriff ist etwas diffus. In seiner Grundbedeutung ist er ein Synonym für Sprache allgemein, heute wird er jedoch meist enger definiert als die einer Region oder Gruppe eigentümliche Redeweise, verwandt mit dem → Jargon und dem → Dialekt. Idiome (im Plural) sind darüber hinaus eigentümliche Wortprägungen oder Ausdrucksformen, die

als spezifisch gelten, d. h. in anderen Sprachen keine direkten Entsprechungen haben. Sie können also nicht im Eins-zu-Eins-Verhältnis übersetzt werden und bereiten Sprachlernern demzufolge besondere Schwierigkeiten. Idiome sind oft metaphorischer Art (→ Metapher) und werfen ein interessantes Licht auf den Zusammenhang von Sprache und Denken. So ist die Redewendung „Das Blaue vom Himmel lügen" ein deutschsprachiges Idiom ohne direkte Entsprechung in den anderen europäischen Sprachen. Es suggeriert die Fähigkeit eines Lügners, die Wahrheit so dreist zu verfälschen, dass der Himmel darüber seine blaue Farbe einbüßt. Die Idiomatik ist ein Teilgebiet der Lexikologie, das sich mit den diversen Erscheinungsformen der Idiome und ihrem Gesamtbestand in einer Sprache befasst.

Ikon, Ikonologie, Ikonographie
Von gr. *eikon* = Bild: Das ist die Sammelbezeichnung für ein Bild als feste (konventionalisierte) Umschreibung eines künstlerischen Motivs. Also nicht irgendein Bild, sondern eines in einem traditionell festgelegten, stilistisch formalisierten Rahmen. Historisch betrachtet sind Ikonen älter als sprachliche Zeichen, da sie die primäre, magisch-mythische Tendenz des Menschen zur Schöpfung von Bildern spiegelt, um Göttern, Dämonen und Helden Gestalt zu verleihen. Im Christentum wurde der Begriff dann eingeengt und fast ausschließlich auf die Ikonen von Heiligen, Propheten oder Märtyrern bezogen. Besonders im Umfeld und unter dem Einfluss der byzantinischen Kirche blühte eine hoch entwickelte, bis heute praktizierte Ikonenmalerei. Demgegenüber ist Ikonologie die religiös und weltanschaulich neutrale Wissenschaft von der Bildhaftigkeit der Kulturen (verwandt mit der → Semiotik), wohingegen die Ikonographie die historische Aufzeichnung und Darstellung von Ikonen einer bestimmten Tradition oder Epoche bezeichnet. In der → Computersprache wird das anglisierte Wort *icon* auch zur Benennung der verschiedenen Funktionszeichen auf der Benutzeroberfläche von Rechnern verwendet.

Immersion
Von lat. *immergere* = eintauchen. So bezeichnet man in der Fremdsprachendidaktik ein Verfahren, das versucht, den Sprachlerner möglichst vollständig

in das fremde Medium „einzutauchen" dadurch, dass störende Einflüsse der Muttersprache, die sich durch das Hin- und Herspringen zwischen den Sprachen ergeben, ausgeschlossen werden. Die Methode beruht auf der Erfahrung, dass es wenig erfolgreich ist, eine fremde Sprache über das Lernen von Vokabeln, grammatischen Regeln und Ausspracheübungen zu vermitteln. Stattdessen kommt es darauf an, aus der Sprache eine möglichst totale linguale Umgebung zu machen, die einen realistischen Eindruck vom neuen Medium erzeugt. Theoretisch ist die Immersionsmethode überzeugend. In der Praxis funktioniert sie nur unzulänglich, da sich das Hin- und Herspringen kaum vollständig vermeiden lässt. Immersion wäre nur in dem Fall effektiv möglich, dass ein im Ausland weilender Lerner seine Muttersprache konsequent ausschaltet, um sich ausschließlich in der fremden Sprache zu bewegen. Aber auch das ist in der Wirklichkeit kaum möglich, da selbst in einem fremdsprachlichen Milieu dem Gebrauch der Muttersprache stets eine Tendenz zur „Rückfälligkeit" innewohnt.

Implizitheit
siehe Explizitheit – Implizitheit

Impressum
Von lat. *imprimere* = eindrücken, aufprägen. Darunter versteht man den auf den vorderen Seiten von Büchern oder anderen Schriften erscheinenden Druckvermerk zur bibliographischen Identifikation des Werkes. Vermerkt werden normalerweise der Verlag, der/die Verfasser, ggf. der/die Herausgeber, die Schriftleitung (bei Zeitungen), die Druckerei, die Papiersorte, der/die Einbandgestalter, die Auflage(n), das Erscheinungsjahr, die ISBN (Internationale Standard Buchnummer), die Copyright-Angabe © sowie (bei deutschen Publikationen) die Titel-Aufnahme durch die Deutsche Nationalbibliothek. Ein Impressum wird für alle veröffentlichten Druckschriften einschließlich Zeitungen und Zeitschriften verlangt. Diese werden nach der ISSN (Internationale Standard Seriennummer) klassifiziert. Heute geben – wenn sie seriös sind – auch Firmen und Autoren, die Produkte, Bilder oder Texte im Internet anbieten, ihr Impressum bekannt und erlauben damit eine Identifikation der Verantwortlichen und der Urheber.

Imprimatur vs. damnatur
Von lat. *imprimere* = drucken; *damnare* = verdammen. Diese von staatlichen und/oder kirchlichen Instanzen traditionell benutzten Formeln bezeichnen die Druckerlaubnis bzw. das Druckverbot für Schriften und literarische Werke. Da Meinungsfreiheit (und damit Publikationsfreiheit) im heutigen Sinn eine relativ junge Errungenschaft der aufgeklärten abendländischen Gesellschaft darstellt, war es vormals notwendig, Druckgenehmigungen von den zuständigen säkularen oder klerikalen Stellen einzuholen. Es herrschte → Zensur, die das Publikum (die Untertanen und Gläubigen) vor Irrtümern bewahren und vor Verführung durch mutmaßlich verderbliche Schriften schützen sollte. Wurde die Erlaubnis erteilt, hieß es *imprimatur* (es werde gedruckt). Wurde sie aus weltanschaulichen oder religiös-dogmatischen Gründen verweigert, erging das Urteil *damnatur* (es wird verdammt), und das Werk durfte nicht erscheinen. Berüchtigt und gefürchtet war der vatikanische *Index librorum prohibitorum*, das 1559 ins Leben gerufene Verzeichnis der verbotenen Bücher, über das die Römische Kongregation des Heiligen Offiziums wachte. Einige der großen Geister in Europa (Giordano Bruno, Galileo Galilei, René Descartes, Pierre Teilhard de Chardin u. a.) sind sein Opfer geworden. Der Index wurde erst 1966 offiziell von Papst Paul VI. abgeschafft.

Inferenz
Von lat. *inferre* = hineintragen. Der Begriff bezeichnet in der Linguistik (wie auch in der Logik und Informatik) die Schlussfolgerung(en) eines Informationsempfängers oder Rezipienten aus einer ihm übermittelten → Information. Es handelt sich um ein bestimmtes Sprachverständnis, in dem verarbeitet wird, was nicht direkt mit dem Gehörten oder Gelesenen gegeben ist, aber indirekt zu Einschätzungen, Meinungen oder Folgerungen führt, welche die reine Information überschreiten. Die Inferenz ist eine kognitive Leistung des Rezipienten, die (ähnlich wie das Erkennen von Implikationen) durch Sprachkompetenz und Erfahrung gefördert wird. Sie gestattet dem Informationsempfänger mittelbar außersprachlich mehr zu erkennen, als ihm unmittelbar sprachlich übermittelt wird. Ein Beispiel: Sagt oder denkt jemand nach Ankündigung der Trennungsabsicht seines Ehepartners: „Das kann ja wohl nur Scheidung heißen…", so inferiert diese Person einen Sachverhalt (trägt ihn in

sein Verständnis der Situation hinein), der ihr nicht mitgeteilt wurde, den sie jedoch erschließt und als mehr oder minder zwingend gegeben ansieht.

Information
Von lat. *informare* = In Form bringen, Gestalt verleihen. Der Informationsbegriff ist einer der meistgebrauchten Begriffe in der zeitgenössischen Gesellschaft. Wir sprechen von Informationszeitalter, Informationsgesellschaft, Informationstheorie, Informationstechnologie, Informationsmanagement, Informationsträgern, Informationsdefiziten, Informationsstörungen, Informationsstau, Informationschaos, Informationsmüll, Informatik, Informant u. a. Dabei gehen wir weit über das hinaus, was Sprache im engeren Sinne mit Information zu tun hat. Die Grundbedeutung des Begriffs ist simpel: Wenn wir jemanden informieren, heißt das, dass wir im Medium der Sprache etwas mitteilen, was er/sie zuvor nicht wusste. Wir versetzen die Person also in einen besseren oder höheren Stand des Wissens, wobei wir annehmen oder wissen, dass hierfür ein Bedarf besteht, dessen Befriedigung zu einer Problemlösung oder Optimierung ihres Zustands beiträgt. Der Sender A übermittelt dem Empfänger B im dialogischen Verhältnis eine Mitteilung, die B dazu benutzt, Wissenslücken zu schließen und ggf. Handlungsoptionen zu gewinnen. War solche Mitteilung in der Vergangenheit überwiegend an die natürliche Sprache gebunden, kann Information heute über zahlreiche außersprachliche Kanäle, z. B. Funkkontakte, Farb- und Lichtsignale, Radiowellen, Piktogramme, digitalisierte Botschaften und Bilder, Werbeslogans, Kunstformen etc. vermittelt werden. Dabei werden z. T. komplexe und heterogene Inhalte transportiert, bei denen der Laie „besseres oder höheres Wissen" oft kaum mehr zu erkennen vermag, weil ihm der jeweils erforderliche Schlüssel zur Dekodierung (→ Kode) fehlt. Informationsübermittlung geschieht heute weitgehend technisch, d. h. „sprachlos", da nicht nur sprachnahe Fächer wie die Philologien, die Nachrichtentechnik, die Linguistik, Semiotik und Informatik, sondern auch sprachferne Bereiche wie die Ingenieur-, die Bio- und Neurowissenschaften ihre eigenen Informationstheorien bzw. -verfahren entwickelt haben. Nicht nur Menschen, sondern auch Maschinen (Roboter) und lebende Organismen lassen sich als Informationssysteme auffassen. Im theoretischen Sinne kann ein Kode wie 44jGH566MRK ebenso Information

liefern wie die Sentenz „Ich denke, also bin ich" oder die Formel E = mc². Worauf es ankommt, ist allein das Interesse von Sendern und Empfängern an der jeweiligen Information und ihrer Verwendbarkeit auf Basis des festgelegten Kodes. Ein großes (allerdings nicht sprachwissenschaftliches sondern eher philosophisches und psychologisches) Problem, das sich heute stellt, ist die Frage nach Wahrheit und Brauchbarkeit der in der Informationsgesellschaft überbordenden Nachrichten.

Interferenz
Von lat. *inter* = dazwischen + *ferre* = tragen. Darunter versteht man das störende Einwirken eines Sprachsystems (→ System) auf ein anderes. In den → Sprachzentren des menschlichen Gehirns (Broca-Areal und Wernicke-Areal) etabliert sich die Muttersprache gewöhnlich als das erste System (S 1) und wird im Lernprozess neuronal verankert. Kommt nun eine zweite (oder weitere) Sprache hinzu (S 2, S 3 usw.), leistet das erste System Widerstand. Es sträubt sich gewissermaßen gegen die Übernahme fremder Laute und Sprachmuster und tendiert dazu, jene des primären Systems an die Stelle zu setzen. Es entsteht „Substitutionsdruck" von S 1 auf S 2. Das Resultat ist eine phonetische, syntaktische und meist auch semantische Beeinträchtigung und Verfälschung des neuen Systems. Es entstehen der typische → Akzent und die Fehlerhaftigkeit von Nicht-Muttersprachlern. Wie jeder Sprachlehrer immer wieder beobachtet: Die Probleme in Sprachlernprozessen resultieren überwiegend aus Interferenzen, d. h. die typischen Fehler sind der nachhaltigen Wirkungsmacht der ersten Sprache geschuldet. Allerdings variieren sie stark von Person zu Person: Während sprachbegabte Individuen aufgrund der neuronalen Anpassungsfähigkeit ihres Gehirns nur geringe Schwierigkeiten damit haben und das neue System rasch „verinnerlichen", stoßen andere mit ihrer Lernfähigkeit an Grenzen und leiden lebenslang unter Interferenz.

Interpolation
Von lat. *interpolatio* = Einschaltung. Darunter versteht man in der → Philologie den Eingriff in einen überlieferten Text, in den außenstehende Autoren zusätzliche Wörter, Sätze oder ganze Abschnitte eingefügt haben. Streng genommen handelt es sich dabei um eine Verletzung der Integrität des Textes

und eine Verfälschung seiner Originalität. Gerechtfertigt wurden solche Eingriffe oft mit dem Bedürfnis nach besserer Verständlichkeit und notwendiger Klärung vorgeblicher Unklarheiten. Es spielten auch ideologisch motivierte „Verbesserungen" von Textaussagen eine Rolle, was nach heutigem Verständnis unzulässige → Zensur bedeutet. Manche Gelehrte glaubten, den Schriften durch Interpolationen ein größeres geistiges Gewicht oder ein höheres (würdigeres) Alter verleihen zu können. Die Aufdeckung und Beseitigung von Interpolationen ist Aufgabe der → Textkritik.

Interpretation
Von lat. *interpretari* = deuten. Darunter versteht man die Auslegung von sprachlich, meist textlich fixierten Äußerungen, die eine bedeutungsvolle Beziehung herstellen zwischen der Semantik des fixierten → Textes und einem weiteren, zu erschließenden Kontext. Besonders bei poetischen, aber auch bei religiösen oder philosophischen Texten kann sich die Notwendigkeit zur Interpretation aus einer relativen Komplexität oder „Dunkelheit" der Bedeutung ergeben, die nach Aufhellung verlangt. Sie kann aber auch infolge einer geschichtlich bedingten schwierigen Erschließbarkeit der Bedeutung notwendig werden. Beispiel: In Shakespeares *Hamlet* wissen wir auf Basis des überlieferten Textes nicht, weshalb der Held zögert, seinen ermordeten Vater zu rächen. Ist er feige? Halten ihn moralische Skrupel zurück? Wartet er auf den günstigsten Moment? Nimmt er Rücksicht auf seine Mutter? Zur Deutung brauchen wir Motive oder Kontextbedingungen, die sein Verhalten plausibel machen, die uns der Autor aber nicht liefert. Diese Motive müssen erschlossen oder von außen herangetragen werden und bestimmen dann den Modus der Interpretation.

Verschiedene Interpretationen können miteinander konkurrieren je nach weltanschaulicher Gebundenheit der Interpreten und nach dem Fortgang der Geistes- und Kulturgeschichte (Entstehung neuer Kontexte). So wird ein Romantiker *Hamlet* anders interpretieren als ein Psychoanalytiker und dieser wiederum anders als ein Marxist. Daher: Endgültig richtige und überzeitlich maßgebliche Interpretationen gibt es nicht. Es gibt nur unterschiedliche Plausibilitätsgrade als Folge unterschiedlicher Interessen und Orientierungen der Interpreten. Um ernst genommen zu werden, müssen Interpretationen allerdings in sich schlüssig und gedanklich überzeugend sein. Alltagssprachliche

Äußerungen bedürfen in der Regel keiner Interpretation, es sei denn, sie sind missverständlich formuliert oder wurden absichtlich verrätselt. Die Kunst der Interpretation in der → Philologie nennt sich Hermeneutik (von Hermes, dem griechischen Götterboten und Vermittler zwischen Menschen- und Götterwelt). Theologen sprechen, wenn sie Schriftauslegung betreiben, meist nicht von Interpretation, sondern benutzen das griechische „Exegese". Bei Statistiken sollte man eher von Auswertung als von Interpretation sprechen, um den Eindruck variabler Deutbarkeit zu vermeiden.

Interpunktion
siehe Zeichensetzung (Interpunktion)

Interview
Von lat. *inter* = dazwischen + engl. *view* = Sicht, Ansicht. Ein Interview ist die mündliche Befragung einer bekannten, für die Öffentlichkeit interessanten Persönlichkeit durch einen Reporter, Journalisten oder eine andere für solche Zwecke geeignete Person. Es findet ein → Dialog nach bestimmten Regeln und Rollenverteilungen zwischen einem Fragesteller und Befragten statt. Der Fragesteller als „Nicht-Wissender" macht den Interviewten als „Wissenden" zu einer Informationsquelle für die verschiedensten Zwecke: für Zeitungsartikel, Bücher, Rundfunk- oder Fernsehsendungen, Werbekampagnen, demoskopische Analysen oder Meinungsforschungsprojekte. Interviews finden überall in der heutigen Gesellschaft statt: in der Politik, der Wissenschaft, dem Sport, der Wirtschaft, der Kunst und der populären Kultur.

Formal kann unterschieden werden zwischen Interview zur Person, Interview zur Sache und Interview zur Meinung, wobei die Trennungslinien naturgemäß unscharf sind. Die Befragung kann ungesteuert spontan, aber auch gelenkt durch bestimmte vorherigen Festlegungen stattfinden. Dementsprechend werden standardisierte oder strukturierte von freien oder unstrukturierten Interviews unterschieden. Zudem gibt es die Formen des Doppel- oder Kollegialinterviews sowie die multiplen oder Gruppeninterviews.

Grundvoraussetzung für ein gelungenes interview ist eine thematische Aktualität, die das → Gespräch für das Publikum informativ und das Zusammenspiel der Partner spannend macht. Es erfordert aufseiten des Fragestellers Einfühlungsvermögen und rhetorisches Geschick, aufseiten des Befragten Informiertheit und Offenheit ohne Geschwätzigkeit und Imponiergehabe. In der heutigen Mediengesellschaft gibt es Beispiele für katastrophale Misserfolge wie auch Fälle von „Offenbarungen", die Geschichte gemacht haben. Das (zahlenmäßig) erfolgreichste Interview aller Zeiten wurde 1993 von Oprah Winfrey mit Michael Jackson geführt. Es hatte einhundert Millionen TV-Zuschauer. Eine Weiterentwicklung und Variante des Interviews ist die Talkshow, in der jedoch nicht die gezielte Befragung, sondern das offene → Gespräch mit Prominenten im Mittelpunkt steht.

Intonation
Während die morphologischen und syntaktischen Strukturen in einer Sprache weitgehend festgelegt (normiert) sind, können bei der Aussprache starke Schwankungen auftreten. Sie sind von verschiedenen Stimmfärbungen der Sprecher oder Sprechergruppen verursacht und ergeben, was volkstümlich „Sprachmelodie" und „Sprachrhythmus" genannt wird, d. h. phonetische Eigenarten, die eine bestimmte Intonation oder ein Intonationsmuster hervorbringen. Auf individueller Ebene zeigt jeder Mensch Charakteristika, die für seine Intonation typisch sind. Auf höherer Ebene finden wir Gruppen, auch Völker, deren Sprachmelodie Gemeinsamkeiten als übergreifende Intonationsmuster aufweisen. Augenfällige Beispiele hierfür sind die deutsch sprechenden Schweizer und Österreicher im Vergleich mit den Deutschen. Die von Sprache zu Sprache variierenden Merkmale sind: die Tonhöhe mit steigender und fallender Stimme, die Betonung von Silben (starke und schwache, lange und kurze Silben), die Lautstärke, das Sprechtempo, der Rhythmus oder Silbentakt, das Timbre oder die Klangfarbe. Auch der Artikulationsort spielt eine Rolle, wenn verschiedene (knarrende, dröhnende, säuselnde, nuschelnde, flüsternde, piepsende u. a.) Stimmqualitäten hervorgebracht werden. Wichtig ist die Erkenntnis, dass es sich einerseits um Intonationssysteme handelt, die sprachspezifisch sind, also tendenziell einer ganzen Sprache zukommen (z. B. ist die Tonhöhe im Chinesischen generell höher als im Deutschen), andererseits um Intonationsmerkmale, die einzelnen Sprechern zu eigen sind. Diese können zufällig auftreten, meist werden sie aber funktional eingesetzt – sie senden Signale aus und können die Bedeutung des Geäußerten beeinflussen: Eine laute Stimme kann Zorn ausdrükken, eine leise Stimme Schmeichelei, eine zitternde Angst usw. (→ Prosodie).

Ironie
Von gr. *eironeia* = geheuchelte Unwissenheit. Ironie ist ursprünglich kein eigentlich sprachliches Phänomen, sondern ein das Realitätsbewusstsein prägender Erfahrungsmodus, der nur mittelbar etwas mit Sprache zu tun hat. Es scheint ein psychologisches Gesetz zu sein, dass der Mensch mit Zunahme seiner historischen und gesellschaftlichen Erfahrung auf die Brüchigkeit seiner geistig-kulturellen Welt aufmerksam wird. Er spürt, dass Widersprüche existieren zwischen dem, was gewollt, gewünscht, erhofft, versprochen, verkündet, erwartet wird und dem, was in der Wirklichkeit stattfindet. Er sieht die Differenz zwischen Idealität und Realität, d. h. er stellt fest, dass die großen Ideen und hehren Pläne der Menschheit (oder auch seine eigenen Vorhaben) immer wieder an den harten Widerständen des Lebens scheitern. Utopisch betrachtet sollte die Menschenwelt viel besser sein als sie ist. Realistisch gesehen bleibt sie aber meist hinter dem zurück, was sie sein sollte. Dieser Bruch zwischen Sollen und Sein wird als Ironie wahrgenommen.

Findet diese Welterfahrung Eingang in die Sprache, führt sie zu einer Diskrepanz zwischen dem, was gesagt/geschrieben wird und dem, was gemeint ist, wodurch eine distanziert-spöttische oder kritische Einstellung zu den Dingen geschaffen wird. Sagt z. B. eine Person zu einer anderen: „Du bist mir ja ein schöner Freund", so liegt die Ironie in der Spannung zwischen positiv Gesagtem und kritisch Gemeintem. Was der Sprecher wirklich meint ist: „Du hast dich als kein guter Freund erwiesen. Ich bin von dir enttäuscht." Ablesbar an der Entwicklung von Sprache, Literatur und Philosophie ist die Welterfahrung des modernen Menschen über weite Strecken durch Ironie gekennzeichnet, da er den Glauben an idealistische Welterklärung weitgehend eingebüßt hat. (Vgl. den Roman *Don Quixote* von Miguel de Cervantes, in dem der idealistisch eingestellte Held dauernd an seinen realistisch denkenden und handelnden Mitmenschen scheitert). Satiriker setzen Ironie gezielt ein, um die Absurditäten dieser Welt vorzuführen. Allerdings gibt es Kinder und Erwachsene von schlichter Geistesart, die von Ironie frei sind. Ein Kind, das etwas verbockt hat und getadelt wird mit: „ Na, das hast du ja fein hingekriegt", versteht die Ironie des Tadels nicht. Dementsprechend haben auch naive Zeitgenossen oftmals keine Antenne für Ironie.

J

Jargon
Von frz. *jargon* = ursprünglich: unverständliches Gemurmel. Das Wort bezeichnet heute die Sondersprache bestimmter Gruppen, die, geprägt durch Beruf, Stand, Milieu, einen speziellen umgangssprachlichen oder fachlich entwickelten Wortschatz pflegen: Jargon von Schülern, Sportlern, Gaunern, Soldaten, Studenten, Wissenschaftlern u. a. Anders als der → Fachsprachenbegriff wird Jargon meistens abwertend verwendet, da es sich hier um eine absichtlich saloppe Rede- oder Schreibweise handelt. Sie kommt Vertretern der Standardsprache ordinär vor, ist evtl. auch aufgrund des benutzten Sondervokabulars für Außenstehende unverständlich. Während der Jargon für „Eingeweihte" unproblematisch ist, kann er außerhalb als störend und ärgerlich empfunden werden, wenn er zu Kommunikationsproblemen führt. Besonders mit Fremdwörtern gespickter Jargon führt leicht zu Ablehnung und Kritik. Wo man die negative → Konnotation von Jargon vermeiden will, ist häufig (in Bezug auf das Fachvokabular von Berufsgruppen) von → Register die Rede. Ärzte haben ihr spezifisches Register ebenso wie Theologen, Soziologen, Computerfachleute usw.

K

Kalligraphie
Von gr. *kalos* = schön und *graphein* = schreiben. Der Begriff bezeichnet die Kunst der Schönschrift, der elaborierten Stilisierung von Schriftzeichen, wie sie in fast allen hoch entwickelten Kulturen bis zur Erfindung des Buchdrucks und der maschinellen Reproduktion von Texten praktiziert wurde. Kalligraphie ist heute ein Bereich der Ästhetik, sie gründet jedoch in ihren Anfängen auf religiösen Motiven. Kalligraphen waren von der Vorstellung geleitet, dass wichtige, hauptsächlich sakrale, aber auch poetische, juristische und politische Texte einer besonderen Sorgfalt und Schönheit in der Darstellung bedurften, um ihre Bedeutsamkeit zu würdigen. Dies galt insbesondere für die Gestaltung von Titeln sowie auch für die Stilisierung der Anfangsbuchstaben von

Kapiteln. Die beste Anschauung dafür liefern die diversen Evangeliare, in denen Mönche ein Höchstmaß an Eifer und Sorgfalt auf die (meist farbige) Gestaltung biblischer Texte verwandten. Hier herrschte eine besondere Ästhetik der Frömmigkeit. Aber auch Vertragstexte und andere weltliche Dokumente wurden kalligraphisch geschmückt und gestaltet, um die ihnen gebührende Bewunderung und Ehrfurcht sicherzustellen. Zuweilen finden wir die Kunst auch noch in der Romanliteratur des 18. und 19. Jahrhunderts, wo man kalligraphische Muster in den Buchdruck übernommen hat.

Kode, Enkodierung, Dekodierung
Von lat. *codex* = Schreibtafel, Verzeichnis. Im engeren Wortsinn bedeutet Kode eine mit bestimmter Absicht *verschlüsselte* Botschaft. Sender und Empfänger von Botschaften arbeiten mit Verschlüsselungen entweder zum Zweck einer geheimen Übermittlung von Inhalten oder aus dem Interesse an einer möglichst knappen, ökonomischen Kommunikation. Der erste Fall ist typisch für Militär- und Geheimdienste, die wichtige Informationen der Öffentlichkeit oder dem politischen Gegner vorenthalten wollen. Der zweite Fall ist der von Fachleuten, die an einer möglichst kurzen, effizienten Verständigung interessiert sind, welche ihnen die „umständliche" Verkehrssprache nicht bietet. (Zuweilen erfinden auch Kinder spielerisch ihren eigenen Kode, um Erwachsene von ihren Gesprächen auszuschließen.) Im weiteren Wortsinn wird der Begriff heute sprachwissenschaftlich auf jede Art von „Versprachlichung" angewandt, die bei den Beteiligten die Kenntnis des zugrundeliegenden Systems voraussetzt. Dazu gehört auch die Anwendung von Systemen außerhalb der natürlichen Sprache (wie z. B. Computerprogramme, Gebärdensprache, Verkehrszeichen, Noten in der Musik, Morsesignale oder Rauchzeichen). Sie alle sind in bestimmter Weise kodiert. Als Voraussetzung einer Verständigung sind stets zwei korrespondierende Fertigkeiten gefragt: Während der Sender eine Botschaft *enkodiert*, muss der Empfänger imstande sein, sie zu *dekodieren*. Diese Kommunikation setzt beiderseits die Kenntnis des jeweiligen Kodes und seines Systems voraus.

Der Soziolinguist Basil Bernstein, der die unterschiedlichen Lernerfolge und Bildungschancen von Schulkindern auf ihre unterschiedlichen Sprach- und Artikulationsfähigkeiten zurückführte, prägte die Begriffe „erweiterter" und „eingeschränkter" Kode (*elaborate* vs. *restricted code*). Nach Bernstein bestimmen sie den sprachlichen Radius der Kinder: im ersten Fall einen relativ differenziert entwickelten Sprachkode, im zweiten Fall eine eher begrenzte, „ärmliche" Ausdruckweise. Der Unterschied zeitigt nach Bernstein weitreichende Folgen für den späteren Beruf und die soziale Stellung der Kinder.

Kollation
Von lat. *collatio* = Zusammentragung. Begriff aus der → Textkritik, der einen systematischen Vergleich von Handschriften oder Druckwerken und deren Varianten bezeichnet. Bei einer Kollation wird eine Abschrift (oder deren mehrere) mit dem Original verglichen, und die Fassungen werden kritisch auf Übereinstimmung, Abweichungen, Fälschungen, Auslassungen und → Interpolationen geprüft. Das Erkenntnisziel ist Klarheit über die Authentizität der Texte, ihrer Unversehrtheit und Verlässlichkeit. Kollationen ermöglichen der historisch-philologischen Forschung Einblicke in die Geschichte der Texte und deren jeweilige Zustände (evtl. mit Hinweisen auf Korruption und Manipulation). Herausgebern von kritischen Ausgaben liefern sie Entscheidungshilfen für die aufzunehmenden Textversionen und begründen kritische Kommentare zu ihrem jeweiligen Status. Heute können Kollationen mittels Computerprogrammen (→ Computerlinguistik) durchgeführt werden, z. B. wenn die Originalität von wissenschaftlichen Werken geprüft werden soll, die unter → Plagiatsverdacht stehen.

Kollokation
Von lat. *con* = mit, zusammen + *locare* = örtlich bestimmen. Kollokationen sind Fügungen im Satzbau, die bestimmte → Lexeme mit hoher Wahrscheinlichkeit (aber nicht mit absoluter Regelhaftigkeit) in Verbindung mit anderen auftreten lassen. Zwischen den Wörtern herrscht also eine gewisse „Anziehungskraft", die entweder in der wahrgenommenen Wirklichkeit oder einer verbreiteten Vorstellungswelt der Sprecher begründet liegt. So ist „blond und blauäugig" eine Kollokation, die in der deutschen Sprache auf der Häufigkeit eines Zusammentreffens der beiden Sachverhalte beruht, ähnlich wie die Kollokation „grüne Wiese" (ein Haus auf der grünen Wiese bauen), während die Wendung „sich dumm und dämlich quasseln" auf einer populären Phantasie

über die negativen Effekte übermäßiger Geschwätzigkeit basiert. Manche Kollokationen sind geschlechtsspezifisch: Wir reden von einem „hübschen Mädchen", kaum jemals von einem „hübschen Mann". Und eine „dralle Maid" hat kein Pendant in einem „drallen Buben". Je stabiler eine Kollokation ist, desto eher etabliert sie sich als konventionalisierte Redewendung und gewinnt → phraseologischen Status. Kollokationen kommen in allen Sprachen vor, unterscheiden sich aber von Sprache zu Sprache, so wie sich auch idiomatische und phraseologische Wendungen unterscheiden. Sprachpsychologisch ist das eine Erschwernis für Fremdsprachenlerner.

Kommunikation
Von lat. *communis* = gemeinsam. Ähnlich wie der → Informationsbegriff ist Kommunikation einer der meistgebrauchten Begriffe in unserer Gesellschaft. Allein die hohe Zahl der Ableitungen (Derivationen) und Ergänzungen (Komposita) zeugt von seiner kulturellen Bedeutung, gibt gleichzeitig aber Auskunft über seinen modisch-inflationären Status. Wir reden täglich von Kommunikation, von Kommunikationsprozessen, -systemen, -mitteln, -theorien, -störungen, -technik, -partnern, -forschung, -zentren usw. Menschen sind kommunikativ (oder auch nicht). Politiker und Medienstars sind (gute oder schlechte) Kommunikatoren. Offizielle Verlautbarungen aus Regierungs- und Diplomatenkreisen heißen Communiqués.

Die begriffliche Grundbedeutung ist einfach: Sie besagt nicht mehr und nicht weniger, als dass ein Austausch zwischen Individuen, Gruppen oder Organismen zwecks Herstellung einer Gemeinsamkeit stattfindet – ob mittels der Sprache oder anderer Verfahren (Zeichen, Laute, Signale, Neurotransmitter etc.). Ziel jeder Kommunikation ist es, eine Verständigung über Sachverhalte oder Probleme herbeizuführen, wo zuvor ein Mangel, Defizit, Ungleichgewicht oder einfach ein „Vakuum" bestand. Der Unterschied zum → Informationsbegriff besteht also darin, dass hier (meist monodirektional) eine Mitteilung ergeht, während dort (bi- oder multidirektional) ein Austausch zu Verständigungszwecken stattfindet. Erfolgreiche Information erfordert nicht unbedingt eine Bestätigung oder Erwiderung vom Empfänger. Kommunikation setzt jedoch eine Reaktion voraus, welche die erfolgte Verständigung bestätigt. Gemeinsam ist beiden Begriffen, dass (im Normalfall) eine Veränderung gegenüber dem

Status quo einritt: ein höherer Zustand, eine befriedigendere Situation oder ein gewünschter Ausgleich. In den Gesellschaftswissenschaften machte der Kommunikationsbegriff in den letzten Jahrzehnten eine geradezu rasante Karriere, insofern als führende Wissenschaftler (vornehmlich der Soziologe Niklas Luhmann) eine ganze Theorie darauf bauten. Luhmann unternahm es, alle sozialen Systeme einer Gesellschaft auf den Kommunikationsbegriff zu gründen. Er versuchte zu zeigen, dass Systeme wie die Politik, die Wirtschaft, das Recht, die Wissenschaft, die Religion, das Bildungs- und gesundheitliche Versorgungssystem überhaupt erst durch Kommunikation zustande kommen und im entwickelten Stadium durch sie stabil gehalten werden. Die Kommunikationsforschung ist inzwischen ein außerordentlich weites Feld, das Gebiete wie die Medienforschung, die Publizistik, die empirische Rezeptionsforschung, Meinungsforschung, Parteienforschung und Altersforschung (Gerontologie) berührt.

Kompetenz
Von lat. *competere* = zusammentreffen, entsprechen. Bezeichnet in der Sprachwissenschaft die *grundsätzliche* Befähigung des Menschen, eine Sprache (oder deren mehrere) in Wort und Schrift zu beherrschen und darin Sicherheit und Urteilsfähigkeit zu entwickeln. Ausgebildete Sprachkompetenz gilt allgemein als wünschenswert sowohl für die Persönlichkeitsentwicklung des Individuums als auch für die → Kommunikation in demokratisch verfassten Gesellschaften. Sie optimiert die Verständigung, erleichtert die Meinungsbildung und dient der Selbstbehauptung der Gesellschaftsmitglieder. Insofern ist sie von Bedeutung für die soziale, berufliche und kulturelle Position des Menschen. Im Grad der Kompetenz bestehen aber beträchtliche Unterschiede, so dass von hoher gegenüber niedriger Kompetenz gesprochen wird. Sie ist abhängig vom Interesse, der Intelligenz, der Bildung und Erfahrung des Menschen. Wichtig ist, dass der Begriff die *prinzipielle* Sprachbefähigung bezeichnet, die von der situativ bedingten, konkret beobachtbaren Sprachleistung (→ Performanz) abweichen kann. Das eine besteht generell und ist das Ergebnis eines langen Lernprozesses, das andere ist aktuell und unterliegt momentanen Veränderungen. Mit anderen Worten: Ein Sprecher kann trotz allgemein hoher Kompetenz (z. B. als Folge von Nervosität) eine zufällig jämmerliche

Performanz erbringen. Auch Tests, mit denen man hofft, die sprachliche Leistungsfähigkeit von Probanden verlässlich messen zu können, geben, streng genommen, nur Auskunft über die Performanz.

Konjektur
Von lat. *coniectura* = Mutmaßung, Annahme. Begriff aus der → Textkritik zur Bezeichnung eines Verfahrens, das Herausgeber von Texten oder Handschriften anwenden, um fehlende, entstellte oder verderbte Textstellen möglichst originalgetreu wiederherzustellen, damit sie der ursprünglichen, vom Autor intendierten Fassung entsprechen. Dies kann geschehen durch Kontextprojektionen (wenn das Textumfeld der kritischen Stellen solche Konjekturen erlaubt), durch Heranziehung von außertextlichen Informationen (wenn die Biographie des Autors, verwandte Texte aus seiner Feder oder allgemeine textwissenschaftliche Kenntnisse Hinweise geben) oder durch → Kollation verschiedener Versionen (wenn einer Version höhere Authentizität als anderen zugesprochen werden kann). Dementsprechend basieren Konjekturen auf Hypothesen variierender Plausibilität oder auf unterschiedlichen Indikatoren. Sie unterscheiden sich von → Emendationen hauptsächlich durch diesen stärker hypothetischen Charakter. Mit Konjekturen zu arbeiten, ist ein diffiziles Geschäft. In der Literaturgeschichte ist es häufig zu Fehlleistungen gekommen, wenn Herausgeber Texte „nach Gefühl" oder aus „Besserwisserei" verändert haben, so dass diese in Konkurrenz zu den jeweiligen Vorlagen traten. Heute ist man vorsichtig mit derartigen Eingriffen und erwartet solide Begründungen, die vom Herausgeber in Fußnoten oder einem kritischen Apparat zu geben sind.

Konjugation und Deklination
Die Baumuster der verschiedenen Sprachen variieren erheblich, was die formalen Ausdrucksmöglichkeiten von Einzahl und Mehrzahl, Gegenwart und Vergangenheit, Aktiv und Passiv, Genus und Tempus, Indikativ und Konjunktiv oder andere Differenzierungen angeht. Die Möglichkeiten können z. B. *synthetisch*, d. h. durch flektierende Wortbildung, oder *agglutinativ*, d. h. durch Zusammensetzung verschiedener Elemente, ausgedrückt werden. Wird z. B. das lateinische Verb *amare* (= lieben) flektiert (gebeugt), um variierende

personale Beziehungen zum Ausdruck zu bringen, so erscheinen die entsprechenden Formen synthetisch: *amo* (ich liebe), *amas* (du liebst), *amat* (er/sie/es liebt), *amamur* (wir lieben) *amatis* (ihr liebt), *amant* (sie lieben). Die entsprechenden deutschen Formen sind agglutinativ, denn sie bedürfen nicht nur der flektierten Endmorpheme -e, -st, -, -t, -en,-t, -en, sondern auch der zusätzlichen Personalpronomina *ich, du, er/sie/es, wir, ihr, sie.* Sie sind zusammengesetzt. Dies ist ein grundlegender Unterschied in der Konjugation. Bei der Deklination verhält sich der Sachverhalt für die Kasusbildung ähnlich: Nominativ: *amor* (die Liebe), Genitiv: *amoris* (der Liebe), Dativ: *amore* (der Liebe), Akkusativ: *amorem* (die Liebe), Ablativ: *amore* (durch die oder von der Liebe). Im Lateinischen sind hier Kasus wie auch Singular und Plural (Ein- und Mehrzahl) synthetisch eingebaut, im Deutschen bedarf es jeweils einer Agglutination mit dem definitiven Artikel.

Konnotation
Von lat. *connotatio* = Nebenbedeutung. Im Unterschied zur → Denotation ist die Konnotation die lexikalisch nicht kodierte, aber „mitschwingende" Bedeutung eines Wortes oder Begriffs. Konnotationen verschaffen dem Wort so etwas wie eine positive oder negative Aura, die nicht objektiv gegeben ist, sondern sich durch soziale oder kulturelle Einflüsse allmählich entwickelt. Ob ein Wort eine Konnotation hat oder nicht, hängt stark von geschichtlichen, weltanschaulichen oder geschmacklichen Einflüssen ab. So hat das Wort Kommunismus für Nicht-Kommunisten meist eine negative Konnotation, während es für überzeugte Kommunisten positiv konnotiert ist. Sofern es neutral als eine Wirtschafts- und Gesellschaftstheorie neben anderen aufgefasst wird, hat es überhaupt keine Konnotation. Es sind also bestimmte Erfahrungen oder Erwartungen, die einen Begriff konnotativ „aufladen". In Wörterbüchern finden solche semantischen Aufladungen, da sie stark fluktuieren, gewöhnlich keine oder nur stark relativierende Berücksichtigung.

Konstruktivismus
Von lat. *construere* = (er)bauen, zusammensetzen. Der Konstruktivismus ist eine erkenntnisphilosophische und sprachwissenschaftliche Theorie, der eine radikale Absage an die Erkennbarkeit der Welt im Sinne objektiver

Bestimmbarkeit zugrunde liegt. Bereits im 5. vorchristlichen Jahrhundert wurde von Heraklit die These vertreten, „dass wir nicht erkennen können, wie in Wirklichkeit jedes Ding beschaffen oder nicht beschaffen ist." Später hat Immanuel Kant endgültig mit der Vorstellung aufgeräumt, unser Verstand habe unmittelbaren Zugang zur Realität. Wir können die Welt nicht objektiv erkennen, weil wir sie auch nicht objektiv wahrnehmen. Das eine bedingt des andere. Zwar wird von den Konstruktivisten nicht prinzipiell bestritten, dass eine wie auch immer geartete, vorgegebene Wirklichkeit existiert, aber es wird kategorisch in Abrede gestellt, dass diese in ihrem Sosein erfassbar ist. Und ist die sinnliche Wahrnehmung des Menschen schon kein verlässliches Instrument für die Erfassung der Welt, so kann es die in ihrem Dienst stehende Sprache erst recht nicht sein. Womit wir es stattdessen zu tun haben, sind Konstrukte, die dem Homo sapiens Verständigung ermöglichen, weil seine Natur (sein Wahrnehmungs-, Denk-, und Sprechapparat) ihn dazu befähigt. Zugespitzt formuliert: Die Welt wird vom Menschen nicht vorgefunden, sondern erfunden, und die Sprache ist das wichtigste „Werkzeug" im Dienst seiner Erfindungen (→ Nominalismus).

Kontext
siehe Text und Kontext

Körper- und Gebärdensprache
Nur ein Teil unserer täglichen Kommunikation besteht aus den „normalen" sprachlichen Aktivitäten Sprechen und Schreiben, Hören und Lesen. Ein anderer, stark variierender Teil besteht aus außersprachlichen Signalen, die in der Gestik und Mimik ihre eigene Bedeutung haben. Diese paralinguistischen Äußerungen bilden so etwas wie einen sekundären → Kode, der zur primären Sprachverwendung hinzutreten, aber auch unabhängig davon auftreten kann. Auslöser solcher Äußerungen sind in der Regel eher emotional als rational bestimmte Motive. Sie machen sich unreflektiert, eventuell auch zwanghaft bemerkbar. So wird bei negativer (düsterer, trauriger oder zorniger) Gestimmtheit die Körpersprache eines Sprechers Signale aussenden wie Stirnrunzeln, grimmige Blicke, unwilliges Kopfschütteln, Fäuste ballen, Grollen oder Wehklagen. Bei positiver (heiterer oder freudiger) Gestimmtheit wird die Person

lächeln, beschwingt auftreten, vor sich hin summen, freudig herumtanzen, anderen auf die Schulter klopfen u. dgl. Bei neutraler Gestimmtheit (etwa in einem Gespräch) können emphatische Handbewegungen bestimmten Aussagen Nachdruck verleihen, ohne dass eine besondere Stimmung damit ausgedrückt wird. In der Erotik gibt es ein ganzes Repertoire an versteckten oder offenen Gesten, die Signalwirkung haben und Avancen für den begehrten Partner bedeuten können (einladende „tiefe" Blicke, Hände ergreifen, verführerisch lächeln, Wangen oder Haare streicheln etc.). Die von Verhaltensforschern beschriebene Palette reicht hier von schüchternen Gesten bis zu obszöner „Anmache". Solche körpersprachlichen → Kodes sind kulturspezifisch und variieren von Kulturkreis zu Kulturkreis. Allerdings gibt es auch Universalien wie das Zuwinken und das Zum-Abschied-Winken.

Kreolsprachen
siehe Pidgin- und Kreolsprachen

Kryptologie, Kryptographie, Kryptogramm
Von gr. *kryptos* = verborgen + *logos* = Rede, Wort; *graphein* = schreiben. Kryptologie ist die Wissenschaft von der Entwicklung und Entzifferung spezieller → Kodes, die der Geheimhaltung von Nachrichten dienen, deren Inhalte nur für eine beschränkte Zahl von (autorisierten) Empfängern bestimmt sind. Die Nachrichten lassen sich auf vielfältige Weise verschlüsseln: durch Hieroglyphen, Zahlen, Symbole, magische Zeichen, abstrakte Ziffern, erfundene Notationen oder auch deren Kombination, welche die Funktion alphabetischer Buchstaben übernehmen. Sie spielen somit eine Stellvertreterrolle für die üblichen sprachkonformen Schriftzeichen und werden Träger (Substituenten) sowohl ihrer Semantik als auch ihrer Syntax. (Die → Phonologie spielt dabei normalerweise keine Rolle.) Je raffinierter und unkalkulierbarer der Schlüssel, desto kryptischer, d. h. schwerer zu entziffern die Botschaft. Deshalb wird in manchen Fällen das Verfahren einer Mehrfachverschlüsselung angewandt, um Unbefugten das Knacken der Botschaft zu erschweren. Ist ein Kode semantisch, syntaktisch wie auch semiologisch verschlüsselt, bedarf er einer Entschlüsselung auf allen drei Ebenen. Eine populäre, aber wenig wirksame Art der Verschlüsselung bestand in früheren Zeiten darin, Handschriften mit unsichtbaren

Chemikalien oder Tinkturen (Zwiebelsaft, Milch u. dgl.) zu schreiben, die unter Wärmeinwirkung lesbar gemacht werden konnten.

Kryptologen sind Fachleute (oftmals Mathematiker und/oder Semiotiker), die sich auf die Herstellung und Entzifferung von Geheimkodes verstehen. Sie arbeiten gewöhnlich für militärische Dienste oder für Wirtschaftsunternehmen, denen an der Nicht-Öffentlichkeit ihrer Kommunikationsprozesse gelegen ist. Im Prinzip haben jedoch alle Sender von Nachrichten (z. B. auch private Computernutzer) die Möglichkeit, Mitteilungen zu verschlüsseln, um Daten zu schützen und den Empfängerkreis zu beschränken. Kryptographie bezeichnet allgemein alle Schreibverfahren, die sich geheimer geschriebener Kommunikationsmittel bedienen. Ein Kryptogramm ist dementsprechend eine geheime (verschlüsselte) Botschaft.

Künstliche Sprachen

Neben den natürlichen Sprachen, die meist auf Jahrhunderte-, wenn nicht Jahrtausende alten Entwicklungen basieren, gibt es künstliche Sprachen, die in jüngerer Zeit für verschiedene Zwecke erfunden wurden. Sie bilden zwei große Gruppen: Zum einen sind es Kunstsprachen wie Esperanto, Occidental, Ido, Novial, Interglossa u. a., die von ihren Erfindern zur Erleichterung grenzüberschreitender Kommunikation geschaffen wurden. Dahinter steckt der Traum von einer Universalsprache mit der (grundsätzlich richtigen) Erkenntnis, dass die natürlichen Sprachen für Nicht-Muttersprachler Lernbarrieren darstellen und dass sie oft ideologisch besetzt sind, was Vorurteile, Dünkel und Konflikte fördern kann. Aus diesem Grund sind die Kunstsprachen strukturell vergleichsweise einfach „gestrickt" und in ihrem Vokabular weltanschaulich neutral gehalten. Entweder sind sie (wie Esperanto) aus bestehenden Sprachen abgeleitet oder sie sind (wie Novial) aus Zahlen und Sonderzeichen neu gebildet. Sehr erfolgreich waren solche Sprachen aus naheliegenden Gründen bisher nicht: Ihnen fehlen das emotionale Gewicht und die neuronale Verwurzelung der Erstsprache. Ebenso mangelt es ihnen an sozio-kulturellem und politischem Prestige.

Zum anderen gibt es Kunstsprachen als alternative Verständigungsmittel für behinderte Menschen (Blinde und Gehörlose), denen sie trotz ihrer Behinderung die Teilhabe an zwischenmenschlicher Kommunikation ermöglichen. Die

Blinden- oder Brailleschrift ist ein System, das Blinden die Nutzung geschriebener Sprache ermöglicht. Sie stellt eine Umkodierung der Buchstaben des Alphabets in tastbare Punkte dar, wobei die wechselnde Zahl und die Position der Punkte den jeweiligen Buchstaben markieren. Das Lesen besteht aus dem fortschreitenden Ertasten und Dekodieren der Punkte. Die Gehörlosensprache ist eine reine Gebärdensprache, die das bedeutungstragende Lautsystem durch ein „stummes" System der Gestik und Mimik ersetzt. Dieses System ist hoch entwickelt und bietet im Prinzip alle nuancenreichen Möglichkeiten zur Verständigung, die natürliche Kommunikation auch bietet (→ Zeichensprachen).

Kursorische Lektüre
siehe Statarische vs. kursorische Lektüre

L

Langage, langue, parole
Eine der fundamentalen Erkenntnisse des Sprachwissenschaftlers Ferdinand de Saussure betrifft die Differenzierung der unterschiedlichen (inneren und äußeren) Zustände der Sprache. Saussure stieß sich an dem diffusen Begriff Sprache (*langue*), mit dem alles bezeichnet werden konnte und unter dem alles zusammengefasst schien, was dieses wichtige Kommunikationsmittel des Menschen ausmachte: Was jemand ad hoc sagte oder schrieb, war Sprache, worauf er dabei in seinem Gehirn als Befähigung zurückgriff, war Sprache, und was außerhalb seines Kopfes als Verständigungsmittel existierte, war unabhängig vom aktuellen Gebrauch ebenfalls Sprache. Hier glaubte de Saussure „aufräumen" und mit den drei o. g. Begriffen größere Klarheit stiften zu müssen: *Langage* ist für ihn die Sprachbefähigung schlechthin, d. h. die Gabe der Natur oder der Evolution, Sprache entwickeln und anwenden zu können. Bei dieser allgemeinen Fähigkeit unterschied er zwei Aspekte: *langue* und *parole*. Das eine ist das System als Basis des intelligiblen Sprechens und Schreibens (was, streng genommen, ein Konstrukt ist, das sich aus der Gesamtmenge der Fähigkeiten aller Sprecher einer Sprachgemeinschaft ableiten lässt). Das andere ist die konkrete Sprachhandlung eines Menschen, die eine kommunikative Tätigkeit zu

einer bestimmten Zeit an einem bestimmten Ort darstellt. Die deutsche Sprache verfügt über keine begrifflichen Entsprechungen, die diese sinnvolle Differenzierung zum Ausdruck bringen. Sprachwissenschaftler in unserem Land bedienen sich bei der Beschreibung des Sachverhalts mit Bezug auf Saussure gewöhnlich der französischen Termini.

Laute und Lautbildung
Jeder Bedeutungsvermittlung in den natürlichen Sprachen geht die Artikulation von Lauten voran, die dem → phonologischen System der jeweiligen Sprache entsprechen. Die Gesamtzahl der von der Linguistik weltweit beschriebenen Laute ist äußerst umfangreich, und ihre wechselnden Qualitäten sind höchst differenziert. Gleichwohl lassen sich Klassen und Typen bilden, die distinktive Merkmale sowohl bei Individuen als auch bei Sprachgemeinschaften beschreiben. Als universal unterscheidbar gelten die Konsonanten und Vokale; sie lassen sich bei allen Völkern antreffen, da sie – trotz aller Unterschiedlichkeit – der Anatomie der menschlichen Sprechwerkzeuge entsprechen. Es handelt sich hier offenbar um zwei Grundeigenschaften möglicher Lautbildung: Vokale, auch Selbstlaute genannt, sind die klingenden Laute, die durch Schwingungen der Stimmbänder während des Ausatmens und infolge eines bestimmten Einsatzes der Sprechwerkzeuge (wechselnde Kiefern- und Lippenstellung) erzeugt werden. Im Deutschen sind das *a, o, e, i, u* und *y*, von denen *a, o* und *u* die so genannten Umlaute ä, ö und ü sowie die Diphthonge (Vokalverbindungen) *ai, äu, ei, eu* und *ui* bilden können. Konsonanten, zu Deutsch: Mitlaute, werden durch einen Verschluss bestimmter Sprechwerkzeuge (Lippen, Zunge, Zähne, Gaumen) mit darauf folgender Öffnung erzeugt. Die Konsonanten können – je nach Beteiligung oder Nichtbeteiligung der Stimmbänder – stimmhaft oder stimmlos gebildet werden. Das *s* in *summen* ist stimmhaft, das *z* in *zischen* ist stimmlos. In der deutschen Sprache finden wir *b, c, d, f, g, h, j, k, l, m, n, p, q, r, s, t, v, w, x, z* als Konsonanten. Ihren Namen haben sie, weil sie in der Regel in Vokalverbindungen auftreten (lat. *consonare* = mitklingen), die sie erst in ihrer spezifischen Qualität zum Klingen bringen, wie in *rattern*. Sie können aber auch kombiniert mit anderen Konsonanten auftreten, wie in *fliegen* oder *stricken*.

Phonetiker unterscheiden bei der Lautanalyse grundsätzlich zwischen Artikulationsort: Wo wird der Laut gebildet? und Artikulationsart: Wie wird er gebildet? Wenn ein Laut z. B. als labio-dental bezeichnet wird, heißt das: Bei seiner Artikulation sind Lippen und Zähne maßgeblich beteiligt, wie beim Konsonanten *f*. Wird er als bi-labial bezeichnet, weist das auf die beiden Lippen als Artikulationsort hin, wie in *b* und *p*. Wird ein Laut zu den Frikativen gerechnet, handelt es sich um die Artikulationsart eines Reibelauts wie bei *ch* (in Drachen). Zählt er zu den Plosiven, ist es ein Verschlusslaut, der, wie das *k* (in Kirche), sein Charakteristikum durch ein plötzliches Öffnen des Zungen-Gaumenverschlusses im Atemstrom gewinnt. Es gibt zahlreiche weitere Bestimmungsmerkmale wie palatal, velar, uvular, alveolar, nasal, glottal, liquid u. a., deren Spezialfälle wir hier nicht behandeln können, die aber alle von Phonetikern im menschlichen Vokaltrakt lokalisiert und differenziert worden sind.

Lehnwörter
siehe Fremdwörter vs. Lehnwörter

Lektor
Lat. (gleichlautend) *lector* = Leser. Der Begriff bezeichnet einen philologisch oder anderweitig sprachlich ausgebildeten Prüfer von Schriften, die einem Verlag zur Publikation angeboten werden. Sein Arbeitsplatz ist das Lektorat, seine Tätigkeit das Lektorieren. Er versieht mehrere Aufgaben: Zusammen mit dem Verleger (und ggf. weiteren Personen im Lektorat) entscheidet er über die Eignung eingereichter Schriften für das Programm des Verlags und die Absatzchancen auf dem Buchmarkt. Unter den Aspekten sprachlicher Korrektheit, stilistischer Angemessenheit und typographischer „Sauberkeit" prüft er die Qualität des → Manuskripts. Sachliche Mängel, Fehler und Ungereimtheiten vermerkt er, verständigt sich mit dem Autor über die Probleme und sucht nach Lösungen. Bei bleibendem Dissens lehnt er das Manuskript nach Rücksprache mit dem Verleger eventuell ab. In der öffentlichen Wahrnehmung dominiert bis heute das Bild vom Lektor als „erstem Leser" des Autors. Tatsächlich kann sein Aufgabengebiet aber das gesamte Projektmanagement rund um eine Publikation umfassen, angefangen vom konzeptionellen Vorgespräch

zu einer geplanten Publikation, über die Kalkulation und Vertragsausfertigung bis hin zur Produktionsüberwachung.

Lexem, Lexikologie, Lexikographie
Von russ. *leksema* zu gr. *lexis* = Lexikon. Ein Lexem ist die Einheit des Wortschatzes, welche begriffliche oder funktionale Bedeutung in der Sprache trägt. Lexeme, alltagssprachlich → Wörter genannt, sind die einzelnen Bestandteile des Lexikons (= Gesamtwortschatz) einer Sprache. Dazu gehört die Lexikologie als wissenschaftliche Disziplin der Erforschung der Lexeme und ihrer Rolle für die Sprache. Hier werden der Umfang, die Herkunft, die Struktur, die Entwicklung des jeweiligen Wortbestandes einer Sprache ermittelt, mit dem anderer Sprachen verglichen und für die Lexikographie aufbereitet. Die Lexikographie ist die systematische Sammlung, Aufzeichnung und Gliederung der Lexeme in besonderen Listen, den sogenannten Lexika (Plural von Lexikon). Die Anordnung erfolgt in der Regel nach dem → Alphabet, kann aber auch andere Gliederungsprinzipien (z. B. Sachgebiete oder so genannte → Wortfelder) anwenden. Im täglichen Sprachgebrauch häufig verwechselt werden Lexika und Wörterbücher. Erstere enthalten den möglichst aktuellen Bestand des Gesamtwortschatzes (mit Erklärungen sowie etymologischen und phonetischen Hinweisen). Letztere liefern mögliche Übersetzungen der Lexeme in andere Sprachen (Äquivalente). Sprachlerner und -wissenschaftler benötigen beides, Lexika und Wörterbücher.

Libretto
Von ital. (gleichlautend) *libretto* = Büchlein. Begriff aus der Welt der Musik und Musikwissenschaft zur Bezeichnung des Textbuchs, das der Sprache in Opern, Operetten und Singspielen zugrunde lieg. Das Libretto ist der verbale Träger der Handlung. Es wird, sofern der Komponist nicht sein eigener Textbuchverfasser ist, vom Librettisten geliefert. Wolfgang Amadeus Mozart hatte für die *Zauberflöte* und andere Werke den Theaterdichter Emanuel Schikaneder als Librettisten, während Richard Wagner, gestützt auf literarische oder mythologische Überlieferungen, für seine Opern ausnahmslos eigene Texte schrieb. Die besondere Kunst bei der Zusammenarbeit von Komponist und Librettist besteht darin, den Text so in singbare Musik umzusetzen, dass beide

Medien harmonieren. Dabei gilt der Grundsatz, dass sich die Sprache der Musik unterzuordnen hat. In der Opernliteratur hat dies nicht selten dazu geführt, dass die Sprache gelitten hat und die Texte zu wertlosen Machwerken verkamen. Andererseits haben sich namhafte Autoren wie Hugo von Hofmannsthal, Georg Kaiser, Bert Brecht, Jean Cocteau, W. H. Auden erfolgreich als Librettisten betätigt.

Linguistik
Von lat. *lingua* = Zunge. So wird heute die international etablierte Sprachwissenschaft genannt, die sämtliche Sprachphänomene der Welt als der Untersuchung und Beschreibung würdig ansieht. Darin sprengt sie den Rahmen der traditionellen → Philologie, die tendenziell nationalsprachlich und literarisch orientiert war. Die Linguistik hat den Schweizer Ferdinand de Saussure als geistigen Vater, der nach dem Ersten Weltkrieg die Fundamente zum einflussreichen → Strukturalismus legte. De Saussure betrachtete die Sprache wesentlich objektbezogen, d. h. als Strukturzusammenhang mit eigenen Gesetzen und Verknüpfungsregeln, weitgehend losgelöst von deren Wirkung und völlig unabhängig von ihrer sozialen, kulturellen oder ästhetischen Bewertung. Er erkannte, dass Sprachen durch ihren Aufbau (Buchstaben bilden Wörter, Wörter bilden Sätze, Sätze bilden Texte, Texte bilden Werke) systematische Strukturzusammenhänge darstellen. Bei den Strukturen werden makro- von mikrostrukturellen Merkmalen unterschieden; erstere bezeichnen die Bausteine oberhalb der Satzgrenze, letztere diejenigen unterhalb dieser Grenze (→ Mikro- und Makrostrukturen).

Saussure gilt auch als Begründer der → Semiotik, indem er die Sprache als ein Zeichensystem unter anderen auffasste und nachwies, dass Zeichen, ob sprachliche oder andere, willkürlich konventionell gesetzt sind, also in keiner natur- oder wesensmäßig gegebenen Beziehung zu dem von ihnen Bezeichneten stehen. Dass ein Baum im Deutschen *Baum* heißt, ist nicht zwingend so, denn im Lateinischen heißt er *arbor*, im *Englischen tree*, im Französischen *arbre*, im Spanischen *árbol* usw. Oder: Dass Rot bei einer Verkehrsampel Stopp bedeutet, ist nicht zwingend so, denn theoretisch ließe sich (bei anderer Konvention) auch Blau an die Stelle setzen.

Literarische Sprache
Zwischen der Standard- oder Verkehrssprache und der literarischen oder poetischen Sprache bestehen graduelle, keine prinzipiellen Unterschiede. Es gibt Literaten (z. B. in der realistisch-naturalistischen Tradition), die höchsten Wert darauf legen, so zu schreiben, wie ihr Publikum spricht. Es gibt Autoren, die bestimmte Dialekte oder Varietäten nachahmen in dem Bemühen, ihre Texte wirklichkeitsnah und authentisch aussehen zu lassen. Gleichwohl haben wir es auch in solchen Fällen mit Literatursprache zu tun. Denn einerseits sind die Äußerungen literarischer Figuren, auch wenn sie alltagssprachlichen Mustern folgen, erfundene (fiktionalisierte) Redeweisen. Andererseits sind sie eingebettet in die gestaltenden Prinzipien makrostruktureller Komposition (→ Mikro- vs. Makrostruktur). Geschrieben wird in der Prosaliteratur möglicherweise, wie im Alltag gesprochen wird, aber die Baumuster der Texte sind ästhetische Konstruktionen, welche die Illusion einer „anderen" Realität vermitteln: Das Sprachbewusstsein tritt hinter dem literarisch vermittelten Wirklichkeitsbewusstsein zurück, und der Gestaltungswille orientiert sich nicht in erster Linie am Medium selbst, sondern am vermittelten Welt- und Menschenbild. Hier ist die Sprache sozusagen „Dienstmagd". Anders ist es in der Regel in der Poesie, wo Sprachkunst überwiegend im mikrostrukturellen Bereich ausgeübt wird, was dort durch prosodische Rhythmen, Reimschemata, gefällige Stilmittel, rhetorische Figuren, Klangbilder u. dgl. bewirkt wird. Die Sprache konzentriert sich gewissermaßen auf sich selbst, lenkt Aufmerksamkeit auf poetische Kunstgriffe oder innovative Techniken und existiert, wie die Fachleute sagen, „selbst-referenziell". Hier ist die Sprache „Herrin". Allerdings sind die Grenzen zwischen Poesie und Prosa fließend. Es gibt Poeten, die (scheinbar) prosaisch schreiben und Prosa-Autoren, die eine hochpoetische Sprache pflegen.

Logo
Von gr. *logos* = Sprache, Rede, Sinn. Das Wort Logo hat, auch wenn es vom griechischen *logos* abgeleitet ist, mit seinem Wortursprung nicht mehr viel zu tun. Ein Logo ist ein Wortzeichen, funktional verwandt mit → Piktogramm und → Emblem als Bildzeichen. Es fügt den Namen eines Unternehmens, einer Institution, eines Vereins u. dgl. (meist in Kurzform) in den stilisierten

Rahmen eines möglichst einprägsamen dekorativen Motivs. Ein typisches Logo ist z. B. das des Volkswagenkonzerns mit den vertikal angeordneten silbernen Buchstaben VW auf blauem Grund, platziert in einen doppelt umrandeten Kreis. Oder das von Coca Cola benutzte Logo mit den charakteristischen fließenden Schriftzügen in Weiß auf rotem Grund. Das Unterscheidungsmerkmal eines Logos in Abgrenzung zum → Piktogramm und → Emblem ist also die Anwesenheit eines in bestimmter Weise stilisierten Wortes bzw. Namens. Das Entwerfen von Logos ist eine spezielle „Kunst", bei der es darauf ankommt, das geschaffene Wortzeichen so in der Gesellschaft zu etablieren, dass es einen hohen, lang währenden Bekanntheitsgrad und Wiedererkennungswert erlangt. Dahinter stehen in den meisten Fällen kommerzielle Interessen. Allerdings können Logos auch einen Identifikationswert für die Mitarbeiter einer Firma oder die Mitglieder eines Vereins annehmen (*corporate identity*). Sie erscheinen dann oftmals auf Abzeichen.

Logopädie
Von gr. *logos* = Sprache + *paideuein* = erziehen, unterrichten. Der Begriff bezeichnet die Anfang des 20. Jahrhunderts von dem Wiener Mediziner Erwin Fröschel entwickelte Sprecherziehung und Sprachheilkunde. Sie hat sich inzwischen als medizinisch-therapeutische Fachdisziplin etabliert, die sich mit den Problemen von Menschen befasst, die durch Sprech-, Stimm- oder Hörbeeinträchtigung in ihrer Kommunikation behindert sind. Theorie und Praxis der Logopädie erstrecken sich auf die Diagnostik, Therapie, Beratung und Rehabilitation solcher Patienten. Deren Probleme können organische Ursachen haben (z. B. missgebildete Sprechwerkzeuge), pathologisch bedingt sein (z. B. Kehlkopfkrebs) oder auch psychosomatische Gründe haben (z. B. Sprachhemmungen oder Sprachentwicklungsstörungen). Sie können auch durch schlechte Angewohnheiten oder Nachlässigkeiten im Sprachlernprozess verursacht sein. Logopäden arbeiten oft mit Vertretern der Phoniatrie zusammen, wenn spezielle Probleme der Lautbildung betroffen sind (z. B. wenn es einem Kind nicht gelingt, einen bestimmten Laut zu artikulieren. „Ich bin hindefallen" statt hingefallen. Erich Honecker konnte das Wort Sozialismus nicht korrekt aussprechen; er sagte stets „Soßalismus". Er hätte logopädischer Behandlung bedurft.

Lüge
Eine Lüge ist die bewusst falsche (unwahre) Aussage eines Sprechers/Schreibers zu einem Sachverhalt. Er kennt die Wahrheit, will sie aber – aus unterschiedlichen Motiven – nicht offenlegen oder eingestehen. Jede Lüge spiegelt eine Unvereinbarkeit zwischen dem wirklich Gegebenen und dem sprachlich Dargestellten oder propagandistisch Behaupteten. Der Lügner spürt, dass eine Artikulation der Wahrheit (momentan oder grundsätzlich) nicht in seinem Interesse liegt, da dies mit Nachteilen (Bloßstellung, Peinlichkeit, Tadel, Blamage, Strafe) verbunden sein könnte. Er handelt also egoistisch, um sich selbst zu schützen. Obwohl Lügen schon seit dem Mosaischen Gesetz grundsätzlich als verwerflich gelten („Sage nichts Unwahres über deinen Mitmenschen!"), haben sie ein graduell unterschiedliches Gewicht. Vor Gericht wiegen sie schwer (etwa bei Meineid) und können rechtlich geahndet werden. Bei kindlichem „Flunkern" wiegen sie leicht und werden meist als lässliche Sünden verziehen. In der abendländischen Literatur ist Lügendichtung eine eigene Gattung, die sich Jahrhunderte lang großer Beliebtheit erfreute. Im Deutschen fand sie ihren Höhepunkt in den fantastischen Erzählungen des „Lügenbarons" Freiherr von Münchhausen. Seine Lügen sind allerdings weniger als verwerfliche Unwahrheiten denn als imaginative Höhenflüge jenseits empirischer Grenzen zu betrachten.

M

Manuskript vs. Typoskript
Lat. *manu scriptum* = von Hand Geschriebenes; bzw. gr. *typos* = Gepräge + lat. *scriptum*. Trotz des semantisch eindeutigen Bezugs auf ein handschriftliches Dokument gilt als Manuskript heute jede Schrift, die als Druckvorlage für eine Veröffentlichung dient. Darunter fallen auch maschinenschriftlich und elektronisch erstellte Vorlagen (Werke, die nach Erfindung des Buchdrucks im Jahr 1456 noch als handschriftliche Dokumente zirkulierten, werden demgegenüber als Handschriften bezeichnet). Das hat zur kuriosen Folge, dass Textproduktionen, die sich typographischer Verfahren bedienen (mittels Telegraph, Schreibmaschine oder Computer), auch

als Manuskripte bezeichnet werden, obwohl sie nicht von Hand geschrieben sind. So zumindest im Verlagswesen, wenn es sich um Vorstufen eines fertigen Druckwerks handelt. Typoskripte sind es erst dann, wenn sie ihren Endzustand als gedruckte Seiten in Büchern, Zeitschriften, Zeitungen, Dissertationen u. dgl. erreicht haben. Der Sprachgebrauch ist allerdings nicht einheitlich. Der *Duden* definiert Typoskript als „maschinengeschriebenes Manuskript", was genau genommen nicht korrekt ist, da Texte ihren Ausgangspunk heute kaum noch von Handschriften nehmen, sondern sofort „getippt" werden.

Mehrsprachigkeit (Multlingualismus)
Der Begriff bezeichnet die Fähigkeit eines Sprechers, über die Muttersprache hinaus eine unterschiedliche Zahl weiterer Sprachen sprechen und schreiben zu können. In der Regel handelt es sich dabei um Fremdsprachen. Aber wenn – wie bei Bilingualen oder Multilingualen – eine zweite oder dritte Sprache simultan mit der Erstsprache erworben wird, können diese sprachpsychologisch und sozial wie die Muttersprache fungieren und im optimalen Fall gleiche → Kompetenz ermöglichen. Sie werden vom Bewusstsein dann nicht als „Fremdsprachen" empfunden. Zuweilen ist in der Literatur oder den Medien von Menschen die Rede, die – angeblich – fünf oder sechs oder mehr Sprachen „perfekt beherrschen", was unterstellt, dass diese „Sprachgenies" so begabt (multilingual oder polyglott) sind, dass ihr Gehirn verschiedene Sprachsysteme nicht nur lernen und speichern, sondern auch jeweils situationsangemessen und unabhängig voneinander anwenden kann. Hier ist Skepsis geboten. Empirische Untersuchungen zeigen, dass solche Menschen meist weit davon entfernt sind, die jeweiligen Sprachen wirklich zu beherrschen, d. h. deren Systeme im Gehirn soweit ausgebildet und neuronal verankert zu haben, dass es nicht zu → Interferenzen, Fehlern und Defiziten kommt. Im Regelfall handelt es sich um den Erwerb eher rudimentärer Kommunikationsformen. Sie ermöglichen zwar eine Verständigung auf dem Alltagsniveau, aber keinen in jeder Hinsicht problemlosen und kompetenten Gebrauch der Sprachen in Wort und Schrift. Es gibt allerdings seltene Fälle von → Xenoglossie, die Ausnahmen darstellen.

Metapher, Metaphorik
Von gr. *metapherein* = woanders hintragen. Metaphernbildung ist die schöpferischste Methode in Sprache und Kunst, um ihre Ausdrucksformen zu bereichern und mit Bildern auszustatten. Metaphern begegnen uns in großer Fülle sowohl in der Alltagssprache als auch in Kunst und Poesie. Sie werden dadurch gebildet, dass etwas Uneigentliches an die Stelle des Eigentlichen tritt (Substitution). Das heißt, es handelt sich um einen Bild erzeugenden Transfer von Anschauungen oder Erfahrungen aus einem auf einen anderen Bereich. So z. B. wenn von Schneckentempo die Rede ist, um die Langsamkeit eines Vorgangs zum Ausdruck zu bringen, oder wenn das Wort Fuß z. B. für den Fuß eines Berges verwendet wird, obwohl Berge (eigentlich) keine Füße haben, oder wenn vom Flussbett die Rede ist, obgleich Flüsse (eigentlich) keine Betten haben. Die Gegenstände oder Sachverhalte, die mittels Metaphern beschrieben werden, erlangen durch den metaphorischen Prozess etwas Lebendiges, Konkretes, sinnlich Anschauliches, das ihnen in der Wirklichkeit so nicht innewohnt. Darin kommt die psychogenetisch angelegte Tendenz des Menschen zum Ausdruck, seine Welt kreativ zu gestalten und an den fundamentalen Gesetzen der Wahrnehmung auszurichten: Geistiges wird auf Sinnliches reduziert, Unbelebtes auf Belebtes, Abstraktes auf Konkretes, Immaterielles auf Materielles. Wenn jemand äußert: „Mal bloß den Teufel nicht an die Wand!", so ist dies der bildhaft-metaphorische Ausdruck einer Befürchtung, die mit dem Teufel unmittelbar nichts zu tun hat, sondern ein anschauliches (materielles) Bild an die Stelle eines unguten (immateriellen) Gefühls setzt. Verfolgt man dieses Bild auf seinen Ursprung zurück, so kommt allerdings der Teufelsglaube zum Vorschein, welchem die archaische Vorstellung von beschwörbaren Dämonen zugrunde liegt: Will man sie nicht am Hals haben, sollte man sie nicht an die Wand malen, denn sie könnten erscheinen.

In der Alltagssprache gebrauchen wir häufig Metaphern, ohne es zu bemerken, da sie uns allzu selbstverständlich geworden sind, z. B.: *Die Zügel schleifen lassen. Das Wasser abgraben. Auf hohem Ross sitzen. Jemand in die Wüste schicken. Einen auf die Lampe gießen. Nicht alle Tassen im Schrank haben usw.* Wenn der ursprünglich kreative Geist sich durch Abnutzung verflüchtigt hat, spricht man auch von „toten" Metaphern. Sie sind noch gängig, aber ohne vitale Wirkung. Metaphern dürfen nicht mit Gleichnissen verwechselt werden: So ist *Heinrich der Löwe* eindeutig eine Metapher, da das Uneigentliche (Animalische) an die Stelle des Eigentlichen (Menschlichen) tritt. Heinrich ist eigentlich kein Löwe, aber metaphorisch wird er zu einem. Demgegenüber ist *Heinrich kämpfte wie ein Löwe* ein Gleichnis, da hier zwei Lebewesen miteinander verglichen, aber nicht in eins gesetzt werden.

Metasprache
Von gr. *meta* = über, nach, zwischen, unter. Sprachen werden von kompetenten Sprechern weitgehend automatisiert gesprochen und geschrieben, d. h. sie sind selbst nicht Gegenstand der Kommunikation oder Reflexion. Die Selbstverständlichkeit und (relative) Mühelosigkeit der Aktivität verhindern, dass die Sprache als solche ins Bewusstsein tritt. Dies ändert sich in dem Moment, da über das Medium als Medium nachgedacht, es analysiert oder kritisiert wird; denn nun bedarf es eines Instruments, das es gestattet, über die Sprache zu reden und dabei zu intelligenten, aufschlussreichen Einsichten zu gelangen. Dieses Instrument nennt man Metasprache – eine Sprache oder ein Begriffsapparat über der Sprache, der diese (gewissermaßen von oben) zum Gegenstand der Betrachtung macht. Das vorliegende Büchlein *Sprachwissenschaft für den Alltag* ist überwiegend in Metasprache verfasst, denn sie macht Sprache zu einem Objektbereich für Reflexionen und Analysen. Auch Schulkinder, die eine Sprache lernen und pädagogisch erläutert bekommen, müssen (bis zu einem gewissen Umfang) eine Metasprache erwerben, wollen sie sprachliche Funktionsweisen, deren Benennungen und Beschreibungen, begreifen. Dazu gehören klare Vorstellungen über Buchstaben, Wort, Satz, Nebensatz, Verb, Adjektiv usw., damit über Sprache als Medium eine sachangemessene Verständigung möglich ist.

Mikro- und Makrostrukturen
Fasst man Sprachen als differenzierbare Strukturzusammenhänge auf, lassen sich diese in zwei große Gruppen teilen: diejenigen diesseits der Satzgrenze gegenüber denjenigen jenseits der Satzgrenze. Erstere (die Morpheme, Phoneme und Grapheme) fungieren als die kleinen Bauelemente der Sprache, letztere (die übergreifenden Kompositionsmerkmale: Sinnabschnitte, Kapitel,

Strophen, Dramenakte) als die größeren Elemente. Man kann sich diesen Unterschied recht gut am Bild der Struktur eines Gebäudes klar machen: Die Ziegelsteine und andere kleine Bauteile wie Träger, Fenster, Dachziegel gleichen den Mikrostrukturen, die gestaltgebenden Formen des Gebäudes (Form des Baukörpers, Anlage der Stockwerke, Balkone, Dachform, Fassadengestalt) entsprechen den Makrostrukturen. Ohne die konstitutive Rolle der Mikroelemente kann es keine Makrogestalt geben.

Monographie
Von gr. *monos* = allein + *graphein* = schreiben. Mit diesem Fachbegriff bezeichnen Autoren, Verleger, Buchhändler, Bibliothekare und Kritiker Schriften (im Regelfall Bücher) die sich *einem* wissenschaftlichen oder sachlich problembezogenen Thema widmen. Von einer Monographie erwartet man eine gründliche, mehr oder minder umfassende Behandlung des jeweiligen Themas, weshalb solche Schriften meist recht umfangreich ausfallen. Sämtliche Sachfragen in einer Gesellschaft können monographisch behandelt werden: Theorien, Biographien, historische Personen, Epochen, kulturelle und gesellschaftliche Kontroversen, politische Fragen, wissenschaftliche Thesen oder andere sachbezogene Problemfelder. Es kommt stets darauf an, dass mit der Monographie ein relativ ehrgeiziger Anspruch erhoben und eingelöst wird.

Monolog
siehe Dialog und Monolog

Morphologie
Von gr. *morphe* = Gestalt + *logos* = Wort. Spezialgebiet der Grammatik, das sich mit der Zusammensetzung der Wörter, ihren Gesetzmäßigkeiten und Besonderheiten, befasst. Wenn wir Wörter als sprachliche Einheiten auffassen, was die meisten Linguisten tun, so können wir diese Einheiten auf ihre *graphischen* Konstituenten hin untersuchen und mikrostrukturell in so genannte Morpheme zerlegen. Ein Morphem lässt sich dementsprechend als das kleinste graphisch bestimmbare Element eines Wortes definieren, wobei jede Sprache ihre eigene charakteristische Morphologie aufweist, so wie sie ja auch ihre eigene → Syntax hat. Wenn wir die Morphologie des lateinischen Adjektivs

memorabilis mit dem deutschen *denkwürdig* vergleichen, sehen wir, bei gleicher Semantik, die morphologische Grundverschiedenheit der beiden Wörter. Nehmen wir jedoch das lateinische *res publica* und das deutsche *Republik*, sehen wir sofort die morphologische Verwandtschaft, denn hier hat das Deutsche vom Lateinischen „abgekupfert" und die Wortstruktur nur geringfügig verändert.

Mythos
Von gr. (gleichlautend) *mythos*. Das ist einer der schillerndsten und vielschichtigsten Begriffe, der in der Beschreibung des geistig-kulturellen Lebens des Menschen Verwendung findet. Bereits im Altgriechischen hatte er eine Vielzahl von Bedeutungen, die ihn semantisch „ausfransen" ließen und mit einer unerfreulichen Beliebigkeit ausstatteten. Mythos konnte bedeuten: Wort, Sinn, Ausspruch, Erzählung, Dichtung, Sage, Gedanke, Botschaft, Meldung, Wahrheit u. a. In dieser multiplen Bedeutung siedelte er sich im Verlauf der Kulturgeschichte in den verschiedensten Bereichen an, verlor nie seinen Einfluss und beschäftigt noch heute Fachleute aus der Anthropologie, Theologie, Geschichtswissenschaft, Archäologie, Psychologie, Soziologie, Semiotik, Literatur- und Sprachwissenschaft. Die Komplexität des Phänomens entspricht der Vielfalt der Zugangs- und Analyseverfahren.

Wenn die Sprachwissenschaft sich heute dem Mythos-Phänomen zuwendet, so um herauszufinden, ob es auf der sprachlichen Ebene „typische" Darstellungsmuster gibt, durch welche mythische Erzählungen sich auszeichnen. Es wird also versucht, die „Mythizität" von Texten oder Bildern strukturell dingfest zu machen: Bestimmte Textsignale (lexikalische und/oder syntaktische Merkmale) sollen Auskunft geben über die besondere „Wirklichkeit", in welche die Sprache den Hörer/Leser führt. Der Sprachwissenschaftler Harald Weinrich hat versucht, dies am Narzissus-Mythos aus Ovids *Metamorphosen* vorzuführen. Das ist problematisch – aus dem einfach Grund, dass zwischen Textsignalen und Rezeptionsweisen (als Bewusstseinsakten) kein Gleichheitszeichen gesetzt werden darf. Mit anderen Worten: Der Text einer (mythologischen) Erzählung bestimmt nicht ohne weiteres den Modus seiner (mythischen) Rezeption. Er kann evtl. der puren Unterhaltung dienen, ohne jemals an ein mythisches Weltbild angeschlossen zu werden. Mythos und Mythologie sind nicht identisch.

N

Namen, Namengebung, Namenkunde
Von lat. *nomen* = Name. Ein Name ist ein Wort oder Ausdruck, mit dem der Mensch sich selbst, andere Menschen, Lebewesen, Orte, Landschaften, Länder, Flüsse, Gebirge, Meere, Gestirne oder auch Objekte seiner Lebenswelt, z. B. Schiffe, bezeichnet. Die Namengebung ist der wichtigste Vorgang, mit dem der Mensch sich seine Welt sprachlich aneignet und geistig verfügbar macht. Orientierung in der Wirklichkeit, insbesondere die eigene Identitätsbildung und die Identifikation von anderen, wären ohne Namen nicht möglich. Das als kindisch belächelte „Ich Tarzan – du Jane" aus den Tarzan-Geschichten von Edgar Rice Burroughs hat einen ernst zu nehmenden Hintergrund: Es ist ein Akt der Benennung, der eine interpersonelle Beziehung stiftet. Nicht von ungefähr erwähnt der biblische Schöpfungsbericht (nach Genesis 1,2) die Namengebung der von Gott geschaffenen Tiere als Adams erste Aufgabe. Und nicht zufällig war eine der ersten Handlungen des Christoph Columbus in der Neuen Welt stets die „Taufe" der von ihm besuchten Inseln. Er gab ihnen spanische Namen. Auf diese Weise nahm Columbus sprachlich Besitz, noch bevor er territorialen Besitz anmeldete. Aus der teilweise heute noch populären lateinischen Redeweise *nomen est omen* geht der tief verwurzelte Glaube an die schicksalhafte Bedeutung von Namen hervor. Es ist zwar ein Aberglaube, aber ähnlich wie tabuisierte Wörter in den Mythologien der Völker ein Symptom des Nachwirkens von → Sprachmagie.

Die Namenkunde (Onomastik) ist ein weit verzweigtes Gebiet der Sprachwissenschaft, das den Ursprung, die Bedeutung, die Verbreitung, die Verwandtschaft und den Wandel von Namen in den Kulturen untersucht. Sie inventarisiert und klassifiziert sie, um zu geschichtlich-kulturanthropologischen Erkenntnissen zu gelangen. Die verschiedenen Traditionen und das Gesamtinventar der Namen sind so vielfältig, dass sie hier nicht dargestellt werden können. Menschen können ihre Namen von Göttern, Königen, Helden, Heiligen, literarischen Figuren, Tieren, Blumen, „großen" Taten, Berufen u. a. ableiten, wobei der abendländische Usus, sich Nach- und Vornamen zu geben, verbreitet, aber nicht universal gültig ist. Ebenfalls verbreitet sind die so genannten

Patronymika. Das sind vom Namen des Vaters oder der Mutter abgeleitete Bildungen, die familiäre Zugehörigkeit signalisieren. (z. B. Robertson = Sohn des Robert; Iwanonowna = Tochter des Iwan). Als Eigennamen werden in der Regel überlieferte Namen gewählt, während Industrieprodukte wie Automobile auch erfundene Namen tragen können. Markennamen spielen in Wirtschaft und Werbung eine große Rolle, da sie bestimmte Artikel kommerziell zu „verankern" versuchen. Kosenamen (wie „Bärchen") drücken besondere Vertrautheit mit oder Liebe zu einer Person aus, während Spitznamen (wie „Grummelchen") neckenden Spott implizieren können („spitz" in der Nebenbedeutung von bissig, boshaft). Beinamen wie „Iwan, der Schreckliche" oder „Heinrich, der Löwe" assoziieren Eigenschaften der Person mit ihrem Habitus und schaffen so ein zusätzliches Identifikationsmerkmal.

Narration
Von lat. *narratio* = Erzählung. In einem landläufigen Sinne sind Narrationen Erzählungen über Geschehnisse, die in den verschiedensten Formen sprachlicher Überlieferung Verwendung finden. In dieser Eigenschaft können sie Erfundenes und Nicht-Erfundenes, Biographisches und Historisches, Authentisches und Fabulöses beinhalten. Immer dort, wo der Mensch in seiner Lebens- und Geisteswelt Berichtenswertes antrifft, wird er – in dieser oder jener Form – narrativ. Dabei sagt das Ergebnis, die Narration, *per se* nichts aus über den Wahrheitsanspruch oder Wirklichkeitsstatus des Berichteten. Dieser Anspruch bzw. Status ist stets das Ergebnis von Konventionen und Überzeugungen. Die Bibel enthält eine Fülle an Narrationen, über deren Wahrheitsanspruch Bibelkritiker und Apologeten seit Jahrhunderten streiten. Selbst in der Geschichtswissenschaft, wo man objektive Berichterstattung erwarten sollte, haben wir es mit Narrationen zu tun, die ihren Erzählcharakter (und dessen subjektive Einfärbungen) letztlich nicht ganz ablegen können, da das Erzählen eine sprachliche Grundfunktion in allen Kulturen ist. Hat ein Märchen als Narration auch einen ganz anderen Wahrheitsanspruch als, sagen wir, ein Kriegsbericht, und folgt ein Roman auch ganz anderen kommunikativen Bedingungen als, sagen wir, ein Werbespruch, so ist die narrative Grundfunktion hier wie dort unaufhebbar. Mit anderen Worten: Unter den verschiedenen Möglichkeiten zur Versprachlichung von Gesehenem, Gehörtem, Erlebtem

oder Erfahrenem bildet das Erzählen eine fundamentale Kategorie. Zwar ist der Mensch als Homo sapiens zuerst ein Bildner, danach ein Erzähler; aber beide Funktionen liegen kulturhistorisch eng beieinander und lassen sich psychologisch kaum säuberlich trennen.

Narratologie nennt sich das Gebiet der Sprach- und Literaturwissenschaft, das die Traditionen, Konventionen und Techniken des Erzählens untersucht und beschreibt.

Nationalsprachen
sind diejenigen Sprachen, deren Verbreitung (mehr oder minder deutlich erkennbar und regional abgrenzbar) mit den nationalen Grenzen von Staaten und den national geprägten Kulturen von Völkern zusammenfallen. Genau genommen gibt es jedoch keine Nationalsprachen, da Sprachen in ihrer Entwicklung und Verbreitung nationale Grenzen fast immer überschreiten. Außerdem gehen sie der Gründung von Nationen voran und folgen anderen Regeln als denen nationaler Politik (vgl. z. B. Deutschland und Österreich, Irland und England, Mexiko und USA). Auch existieren die Nationalstaaten, welche Kleinstaaten, Fürstentümer, Grafschaften und unabhängige Provinzen abgelöst haben, erst seit dem 18. Jahrhundert. Im Verlauf des 19. Jahrhunderts haben sich die Nationalstaaten (zumindest in Europa) gefestigt, und die dazugehörigen Sprachen bzw. Kulturen wurden zunehmend als nationale Kulturgüter und Ausdruck von ethnischer Identität gepflegt.

In den letzten Jahrzehnten sind jedoch Entwicklungen zu beobachten, die als Folge der Globalisierung und des zunehmenden Internationalismus an den Grenzen rütteln. Es gibt Gesellschaftstheoretiker, die den Niedergang der Nationalstaaten vorhersagen, wobei auch immer wieder die Rolle von Englisch als → „Weltsprache" diskutiert wird. Gleichzeitig gibt es Kritiker, die vor einem drohenden Verlust kultureller Identität in solchen Tendenzen warnen, da sie die Identität stiftende Funktion der Nationalsprachen als unverzichtbar ansehen. Die Wertschätzung von Nationalsprachen kann in sprachlichen Nationalismus umschlagen und zur Ideologie werden, wenn Positionen vertreten werden wie „Unsere Sprache ist die beste, kultivierteste, schönste". Dafür gibt es keine objektiven Bestimmungskriterien. Die Sprachen der Welt sind, wenn auch unterschiedlich strukturiert und verbreitet, grundsätzlich gleichberechtigt.

Neologismus
Von gr. *neos* = neu + *logos* = Wort. So werden neue Ausdrücke, Begriffe oder originelle Wortprägungen bezeichnet, die von Individuen oder Gruppen eingeführt werden und sich etablieren. Da Sprachen sich ständig entwickeln (→ Sprachwandel), Einflüssen anderer Sprachen unterliegen und für neue Sachverhalte (Gegenstände, Entdeckungen, Erfahrungen) offen sein müssen, finden Neologismen fortwährend Eingang. Ihre Entstehungsorte haben sie heute meist in den Wissenschaften und der Technik, aber auch im → Jargon bestimmter Gruppen (bei Jugendlichen, Journalisten, Medienleuten, Politikern). So ist *Magnetresonanztomograph* ein medizinischer Neologismus, den es vor 20 Jahren noch nicht gab. Das Verb *simsen* ist ein jugendsprachlicher Neologismus, abgeleitet von dem Kürzel SMS (für *Short Message Service*), der seit ca. dem Jahr 2000 Verbreitung findet. *Smartphone* wurde erst vor kurzem durch die IT-Branche eingeführt. Registriert werden Neologismen in Deutschland von der *Duden*-Redaktion. Kommen sie mit statistisch auffälliger Häufigkeit vor, übernimmt sie der *Duden* in den offiziellen deutschen Wortschatz. Dabei findet keine Bewertung statt bezüglich gut oder schlecht, nützlich oder überflüssig, grammatisch korrekt oder inkorrekt. Allerdings gibt es, auf Neologismen gemünzt, das *Wort des Jahres* (gekürt von der Gesellschaft für deutsche Sprache) sowie das *Unwort des Jahres* (gewählt von einer Jury an der Universität Frankfurt/M.) „Wutbürger" war 2010 das Wort des Jahres, „Sozialtourismus" 2013 das Unwort.

Neurolinguistik
Ist verwandt mit der → Psycholinguistik, aber spezieller eingestellt auf die Rolle des menschlichen Nervensystems in den Prozessen der Sprachproduktion und -rezeption. Während, humangenetisch bedingt, jedes Individuum von vornherein mit natürlichen Anlagen zur Sprache ausgestattet ist, geschieht die sprachliche Entwicklung und Verfeinerung durch eine allmähliche Ausdifferenzierung und Verknüpfung von Neuronen und Synapsen, die ein immer feineres Netz von Nervenverbindungen herstellen. In diesen (inneren) Vorgang greifen allerlei (äußere) soziale Einflüsse und kulturelle Erfahrungen (vor allem Übungseffekte) ein, wodurch erhebliche, individuell unterschiedliche Ausprägungen der naturgegebenen Grundausstattung auftreten. Obwohl der

Vergleich hinkt, vergleichen einige Wissenschaftler die Grundausstattung gern mit der Hardware eines Computers, wohingegen sie die nervlichen Verbindungen und deren Funktionen mit der Software vergleichen. Genau betrachtet gleicht das menschliche Gehirn jedoch keinem Computer, denn es arbeitet nicht digital elektronisch, sondern biochemisch und bioelektrisch. Wie alle Systeme ist auch dieses System neuronaler Vernetzung störanfällig, so dass Neurolinguisten sich oft veranlasst sehen, mit Psychiatern und → Logopäden zusammenzuarbeiten, um Störungen zu beheben. Ein typischer Fall ist die Sprachstörung als Folge eines Schlaganfalls, wenn die → Sprachzentren und andere Areale des Gehirns außer Funktion gesetzt wurden. Die Therapie erfordert erheblichen neurolinguistischen und medizinischen Aufwand.

Nomenklatur
Von lat. *nomenclatura* = Namenverzeichnis. Genauer: das System denotativer Benennungen von Gegenständen oder Sachverhalten in einem (meist wissenschaftlichen) Fachgebiet. Praktisch alle Fächer besitzen Nomenklaturen zur Festlegung der in ihnen üblichen Terminologie. Solche Festlegung ist besonders in den Natur- und experimentellen Wissenschaften unverzichtbar, damit intersubjektive Verständigung über Forschungs- und Erkenntnisprozesse störungsfrei möglich ist und Kommunikationsprobleme oder Missverständnisse vermieden werden. Ein Synonym von Nomenklatur ist Terminologie.

Eine zweite, ganz andere Bedeutung hat der Begriff durch seine Verwendung in den ehemaligen sozialistischen Ländern erhalten. Dort bezeichnet er die politische Klasse, d. h. Politiker und Funktionäre, die sich „einen Namen gemacht" haben, weil sie an den Hebeln der Macht besonderen Einfluss ausüben. In der von Entscheidungsprozessen ausgeschlossenen Bevölkerung wurde der Begriff meist kritisch-distanziert oder spöttisch gebraucht.

Nominalismus
Von lat. *nomen* = Name. Schule in der Erkenntnistheorie und Sprachphilosophie, die das Wirklichkeitsbewusstsein des Menschen als ganz und gar von den Namen bzw. der Begrifflichkeit abhängig betrachtet, mit denen eine Sprachgemeinschaft die Dinge dieser Welt ausstattet. Danach existieren alle Konzepte und Allgemeinbegriffe nur als Bezeichnungen oder Namen, die keine Entsprechungen in

der Realität haben. Infolgedessen lassen sich jenseits der Sprachen oder hinter ihnen auch keine Erkenntnisse über das Wirkliche gewinnen, die geistig unabhängig von der gewählten Namengebung (→ Namen) wären. Für Nominalisten bedeutet dies ferner, dass es keine in der Wirklichkeit verankerten Übereinstimmungen zwischen den einzelnen Sprachen geben kann. Im Grunde bezeichnen sie sich also selbst. Wird die eine in die andere übersetzt, ist dies prinzipiell nur ein nomineller Austausch, der nicht unmittelbar an der Realität festgemacht werden kann. Antithetisch zum Nominalismus gibt es den sprachphilosophischen Realismus, dessen Vertreter die vorgegebene Wirklichkeit als primär und ihre Benennung als sekundär betrachten.

Nominalstil
So wird ein Sprachstil (hauptsächlich als Schreibstil) bezeichnet, der – bewusst oder unbewusst – eine auffällige Neigung zur Verwendung nominaler Ausdrucksformen pflegt (→ Stil, Stilistik). Das heißt, es werden überwiegend Substantive gewählt, welche die Realität vergegenständlichen und Gegenstandsbeziehungen darin zum Ausdruck bringen. Kinder auf einer frühen sprachlichen Entwicklungsstufe gebrauchen überwiegend nominale Ausdrucksformen. Verbreitet ist ein solcher Stil aber vor allem in den offiziellen Verlautbarungen von Behörden, Versicherungen, Regierungsstellen u. dgl., die von Sprachkritikern, Deutschlehrern und Sprachdidaktikern oftmals als schlechter Stil angeprangert werden. Das Gegenteil des Nominalstils ist der Verbalstil, dem aufgrund seiner besseren Verständlichkeit stilistisch gewöhnlich der Vorzug gegeben wird. Seine bessere Verständlichkeit gründet darauf, dass er als syntaktisch flüssiger und weniger abstrakt und umständlich empfunden wird (→ Textverständlichkeit). Ein anschauliches (satirisches) Beispiel für übertriebenen Nominalstil ist Reinhard Meys Lied vom „Antrag auf Erteilung eines Antragformulars, zur Bestätigung der Nichtigkeit des Durchschriftsexemplars."

Nonsens-Wörter, Nonsens-Verse
Sprecher die – situativ bedingt – in sprachliche Verlegenheit geraten und momentan das richtige Wort nicht finden, greifen zuweilen auf Nonsens-Wörter zurück. Diese Wörter gehören offiziell nicht zur Lexik der jeweiligen Sprache, werden aber dennoch verstanden, da sie verbreitet sind und ihre eigene

Nützlichkeit besitzen. Wörter dieser Art sind im Deutschen z. B. „Dingsda" oder „Dingsbums" oder „Soundso" als provisorische Bezeichnungen für Objekte oder Namen, die dem Sprecher im Augenblick nicht verfügbar sind. Meist führt ihre Verwendung zu Anstrengungen des Gedächtnisses, um das richtige Lexem zu finden. Oder Gesprächspartner, die die Verlegenheit spüren, helfen dem Sprecher auf die Sprünge.

Anders verhält es sich mit Nonsens-Versen, die eine besondere Form sprachlicher Kreativität darstellen und der Freude an unsinnig-sinnhafter Neuschöpfung entspringen. Das berühmteste Beispiel ist Lewis Carrolls Gedicht „Jabberwocky", dessen erste Strophe lautet:

'T was brillig, and the slithy toves
Did gyre and gimble in the wabe:
All mimsy were the borogoves,
And the mome raths outgrabe.

In einer Übertragung von R. Scott:

Es brillig war. Die schlichten Toven
Wirrten und wimmelten in Waben
Und allermümsige Burggoven
Die mohmen Räth ausgraben.

Das Vergnügen an diesen Nonsens-Versen resultiert aus dem Zusammenspiel von syntaktisch normgerechter Sprache und wortsemantischen Unsinnigkeiten, das den Leser zu fantasievollen Projektionen möglicher Realitätsbezüge und Bedeutung anregt.

Normen
Soll Anarchie im gesellschaftlichen Zusammenleben und bei zwischenmenschlicher Kommunikation vermieden werden, sind bestimmte normative Festlegungen unverzichtbar. Normen, belehrt uns die *Brockhaus Enzyklopädie*, sind „Vorschriften oder Maßstäbe für wertende Beurteilung. Normen sagen aus, wie ein theoretischer oder praktischer Sachverhalt, ein Ding oder ein Verhalten beschaffen sein müssen, um bestimmten Ansprüchen zu genügen.

[...] Normative Urteile sagen aus, was zu tun, wie zu denken, forschen, handeln, leben sei, wenn bestimmte Zwecke realisiert werden sollen." Auf die Sprache gemünzt: wie zu sprechen und zu schreiben sei, wenn die Sprache dem Anspruch erfolgreicher Kommunikation genügen soll. Normen sind die Stifter einer Ordnung, die in der Sprache in erster Linie durch Grammatik und Orthographie gewährleistet wird. Mögen grammatische Regeln auch oft als „Zwangsjacke" empfunden werden, als „Stützkorsett" sind sie notwendig. Denn sie garantieren, dass die auseinanderstrebenden Tendenzen im alltäglichen Sprachgebrauch, wie sie heute zunehmend durch → Jargon, → Slang, → Ethnolekte und Werbesprüche gefördert werden, in Grenzen bleiben. Gerade dann, wenn das Regelwerk durch schludrigen Sprachgebrauch oder allzu kühne kreative Einfälle verletzt wird, sind sie unverzichtbar. Wie der englische Poet und Kulturphilosoph Robert Graves es ausdrückte: ein Dichter muss „die Regeln der Grammatik beherrschen, eher er sich anschickt, sie zu beugen oder zu brechen." Die Kunst besteht also darin, die Gestaltungsfreiheit der Sprache zu nutzen, ohne die Normativität zu zerstören.

O

Oberflächen- vs. Tiefenstruktur
Diese Begriffe beziehen sich auf die konkreten Erscheinungsformen der Sprache im Unterschied zu den von ihnen ausgelösten Verstehensprozessen. So sind optisch registrierte Schriftzeichen und akustisch wahrgenommene Äußerungen *oberflächenstrukturell* bestimmbar, da sie objektiv gegeben sind und als solche wahrgenommen werden. D. h. wir sehen bzw. hören sie in ihrer realen Beschaffenheit. Aber was wir sehen und hören, ist nicht unbedingt identisch mit dem, was wir verstehen, denn das Verstehen ist *tiefenstrukturell* bedingt. Beispiel: Der Satz „Der Ball war wunderschön" hat *eine* bestimmte Oberflächenstruktur, aber seine Bedeutung hat *zwei* mögliche Tiefenstrukturen, je nachdem ob wir den Ball als Spielzeug auffassen oder als gesellschaftliche Tanzveranstaltung. Nur auf der Grundlage einer im Kopf gebildeten Tiefenstruktur entscheidet sich der Leser/Hörer für das eine oder das andere. Er erzeugt aus der gegebenen Oberflächenstruktur die angemessene Tiefenstruktur, indem er den Kontext heranzieht und als Bestimmungskriterium

benutzt. War zuvor von einem Ball als Spielzeug die Rede, wird er die Tiefenstruktur dementsprechend bilden. War von einer Tanzveranstaltung die Rede, wird er die Bedeutung danach festlegen. → Interpretationen von Texten werden stets dadurch gebildet, dass aus gegebenen Oberflächenstrukturen semantisch befriedigende Tiefenstrukturen erzeugt werden.

Orthographie
Siehe Normen

P

Palindrom
Von gr. *palindromos* = rückläufig. So werden Wörter, Verse, Sätze oder Texte genannt, die vor und rückwärts gelesen die gleiche Bedeutung ergeben. Bereits in der Antike, besonders aber im Mittelalter, wurden Palindrome entdeckt bzw. erfunden und daraus ein besonderes poetisches und intellektuelles Vergnügen abgeleitet. Es basiert auf dem Überraschungseffekt, der durch die Erkenntnis entsteht, dass sich das gewöhnliche Von-links-nach-rechts-Kontinuum der (deutschen) Sprache umkehren lässt, ohne dass der Sinn sich ändert, wie z. B. in dem Vornamen *Otto* oder der Jahreszahl *2002* oder dem Substantiv *Reliefpfeiler*. Ein skurriles Beispiel aus der deutschen Sprache lautet: *Ein Neger mit Gazelle verzagt im Regen nie.* Aus dem Bereich der Dämonologie stammen die so genannten Teufelsverse in lateinischer Sprache: *Signa te, signa, temere me tangis et angis* (zu Deutsch: Gib dich mir zu erkennen [böser Geist]! Grundlos schlägst du und quälst du mich.).

Paradigma
siehe Syntagma und Paradigma

Paralinguistik
Von gr. *para* = neben + lat. *lingua* = Zunge. So wird ein Zweig der Sprachwissenschaft bezeichnet, der nonverbale Phänomene untersucht, die die Sprache begleiten und zu ihr gehören, aber nicht aus Informationsträgern wie Lauten, Wörtern und Sätzen bestehen. Paralinguistische Äußerungen fügen der

Sprache kommunikative Aspekte hinzu, die normalerweise nicht kodiert sind, aber bedeutungsintensivierende oder -modifizierende Wirkung haben können. Dazu gehören Gestik und Mimik, die Lautstärke, das Sprechtempo, der Tonfall, die Tonhöhe, eingefügte Pausen, der Artikulationsmodus (z. B. Flüstern) u. dgl. Solche Parasprache addiert sich gewissermaßen zur normal gesprochenen Sprache und verleiht ihr individuelle Qualitäten. Sie sendet emotionale Signale aus, die eher Auskunft geben über die momentane Verfassung des Sprechers, als dass sie unbedingt etwas zur übermittelten Information beitragen. In der Regel treten paralinguistische Äußerungen spontan und unreflektiert auf. Bei Schauspielern und Rednern können sie allerdings einstudiert sein und zur Intensivierung bestimmter rhetorischer Effekte eingesetzt werden.

Parataxe
siehe Syntax, Parataxe und Hypotaxe

Parodie
Von gr. *parodia* = Gegengesang. Die Parodie ist eine besondere Form der → Ironie als verspottende, verzerrende und übertriebene Imitation einer ernst gemeinten Vorlage. Während die äußere Form beibehalten wird, ändert sich der Inhalt so, dass er die Form herabwürdigt. Zum Beispiel, wenn eine bekannte Persönlichkeit in einer Karikatur mittels optischer Verzerrung lächerlich gemacht wird (wie bei Charlie Chaplins Parodie auf Adolf Hitler in *Der große Diktator*); oder wenn in einem Roman wie Mark Twains *Ein Connecticut Yankee am Hof von König Artus* die Tradition der Artus-Sage verulkt wird. Die Diskrepanz wird vom Leser oder Zuschauer als unterhaltsam und belustigend empfunden. Er erkennt die Vorlage unter oder hinter der Parodie, wird auf deren Lächerlichkeit aufmerksam und sieht sie dem Spott preisgegeben. Der tiefere Sinn einer Parodie ist also die Aufdeckung der Absurdität des parodierten Objekts. Sie ist aber nur dann wirksam, wenn mit dem Original und seiner Parodie verschiedene Ansichten aufeinanderprallen und der Rezipient die spöttische Sicht des Parodisten übernimmt. Tut er das nicht, kann er sich abgestoßen oder verletzt fühlen. Parodien gibt es im Bereich der Sprache, aber auch in der Musik, der Bildenden Kunst, der Mode sowie der Verspottung menschlicher Verhaltensweisen allgemein. Meister der Parodie sind/waren Monty Python, Vicco von Bülow (Loriot), Otto Waalkes, Dieter Hallervorden u. a.

PEN-Club
Engl. abgekürzt aus *poets, essayists, novelists*, mit gleichzeitigem Bezug auf engl. *pen* = Schreibfeder. Von Amy Dawson-Scott 1921 in London gegründeter internationaler Schriftstellerverband, der sich der freundschaftlich-intellektuellen Zusammenarbeit von Autoren widmet. Der Club fördert auf Basis einer Charta die sprachlich-literarischen und beruflichen Interessen seiner Mitglieder. Er tritt für „Freiheit des Wortes" und gegen → Zensur und Unterdrückung in allen Ländern ein, führt jährliche Mitgliederversammlungen an wechselnden Orten durch, diskutiert aktuelle Fragen und Probleme der sprachlich-literarischen Welt, führt Resolutionen herbei und dient als Ansprechpartner für Regierungen, Medienvertreter und kulturelle Organisationen. Die meisten Länder haben heute ihre eigenen PEN-Zentren. Deren Mitglieder werden auf Vorschlag gewählt, wobei ohne Einschränkung durch Nationalität, Rasse oder Religion jeder Schriftsteller gekürt werden kann, sofern er/sie sich zur PEN-Charta bekennt. Das internationale Sekretariat in London gibt seit 1950 das *PEN Bulletin of Selected Books* in Zusammenarbeit mit der UNESCO heraus. Namhafte Schriftsteller wie G. B. Shaw, H. G. Wells Anatole France, Albert Moravia u.a. haben den Club schon geführt. Zu den Präsidenten des deutschen Zentrums gehörten Autoren wie Erich Kästner, Alfred Kerr, Heinrich Böll und Günter Grass. Thomas Mann war 1951 Ehrenpräsident.

Performanz
Von lat. *performare* = erbringen, leisten, vorführen. Bezeichnet im Unterschied zur → Kompetenz die aktuelle Sprachleistung eines Sprechers/Schreibers. Die Rede eines Politikers, die wir hören, oder die Lesung eines Dichters, der wir lauschen, können wir – genau genommen – nur unter Performanz-Gesichtspunkten beurteilen, da die jeweilige Kompetenz für uns nicht unmittelbar erfahrbar ist. Allerdings können wir normalerweise von der Performanz auf die Kompetenz rückschließen: Macht ein Sprecher auffällige Fehler, redet er schleppend, wiederholt sich dauernd u. dgl., kann es mit seiner Kompetenz nicht weit her sein. Sprachlernern, die die typischen Fehler von Lernenden machen, mangelt es naturgemäß noch an Kompetenz, so dass ihre Performanz zwangsläufig darunter leidet. Denn in der Performanz können wir immer nur *aktuell* anwenden, was als Kompetenz *potenziell* angelegt ist. Sie

kann nie darüber hinausgehen. Es gilt: Je höher die Kompetenz, desto besser (wahrscheinlich, aber nicht unbedingt!) die Performanz. Und: Je schlechter die Performanz, desto niedriger (wahrscheinlich, aber nicht unbedingt!) die Kompetenz.

Persuasion
Von lat. *persuadere* = überreden. Persuasion ist eine Form der → Kommunikation, in welcher die eine Seite, A., versucht, die andere Seite, B., zu beeinflussen, so dass B. seine Meinung, Einstellung, Überzeugung oder Verhaltensweise im Sinne von A. zu ändern bereit ist. Das setzt voraus, dass es zwei Ebenen oder Zustände bei den Teilnehmern gibt: eine vermeintlich höhere (bessere) und eine niedere (schlechtere). Aus der Differenz leitet A. die Berechtigung oder Pflicht ab, B. zu beeinflussen, buchstäblich „eines Besseren zu belehren". Persuasion erfolgt hauptsächlich mittels der Sprache, sie kann aber auch durch andere Medien wie Bilder und Musik unterstützt werden. Persuasive Strategien lassen sich überall im gesellschaftlichen Leben beobachten: angefangen beim Gespräch in der Familie, über Belehrung in der Schule, Werbung in der Wirtschaft, Weisungen am Arbeitsplatz, Debatten in der Politik bis zur → Propaganda in den Ideologien. In der antiken → Rhetorik war die Persuasion Bestandteil einer Redekunst, die kulturell hoch im Kurs stand und zur Bildung gehörte. In der heutigen Persuasionsforschung ist man eher nüchtern, da man die wechselnden Bedingungen analysiert und die Gefahren von Missbrauch durch Indoktrination und Überrumpelung erkannt hat. Streng genommen ist zu unterscheiden zwischen Persuasion als Vorgang und Persuasivität als Eigenschaft oder Zustand. Jemand kann persuasiv sehr aktiv sein, aber seine Persuasivität dennoch gering.

Philologie
Von gr. *philos* = Freund + *logos* = Wort, Sprache. Das ist der traditionelle Begriff zur Bezeichnung der Sprachwissenschaft, der bis vor dem Zweiten Weltkrieg internationale Geltung hatte, danach von dem heute üblichen Begriff der → Linguistik verdrängt wurde. Innerhalb des Begriffsfeldes wird zwischen Alt- und Neuphilologie unterschieden. Dementsprechend sind Altphilologen „Altsprachler", die sich professionell mit alten Sprachen wie Hebräisch, Griechisch,

Persisch, Latein beschäftigen, während Neuphilologen „Neusprachler" sind, welche neuere, d. h. später entwickelte Sprachen wie Englisch, Französisch, Spanisch, Italienisch u. a. untersuchen. Aus den Philologien sind akademische Fächer wie Germanistik, Romanistik, Slawistik, Anglistik, Arabistik u. a. hervorgegangen. Ein wesentlicher Unterschied zwischen der traditionellen Philologie und der heutigen Linguistik besteht darin, dass erstere vornehmlich auf Sprachgeschichte und die Deutung literarischer Zeugnisse (Handschriften, poetische Werke, Kodizes) ausgerichtet war, während letztere das weitere Feld der Alltagssprache einschließt und stärker von Theorien als von → Interpretationen geleitet ist.

Phon, Allophon
Von gr. *phone* = Laut, Ton, Stimme + *allos* = anderer, anderes. Ein Phon ist die kleinste im Kontinuum der Sprachlaute unterscheidbare Lauteinheit. Als solches ist es zunächst nicht mehr als ein physikalisch messbares, „neutrales" Klang- oder Schallereignis in Raum und Zeit, d. h. für die Sprache nicht bedeutungstragend. Es ist ein Element aus dem Gesamt-Phoninventar der Menschheit, das außerordentlich umfangreich und variabel, aber – bedingt durch die gemeinsame Physiologie und Anatomie der Menschen – nicht unbegrenzt ist. Erlangt ein Phon im Kontinuum der Laute eine bedeutungsrelevante Funktion, d. h. die Fähigkeit, die Wortsemantik zu ändern, wird es zu einem → Phonem. Ob ein bestimmter Laut in einer Sprache „nur" als Phon auftritt oder als Phonem, bestimmt sich relativ zur Phonologie der jeweiligen Sprache. Ein Ausruf wie „Uuuuh" besteht in der deutschen Sprache aus nur einem Phon, aber ein Wort wie *Uhu* besteht aus drei Phonemen. Allein durch Austausch von zweien kann man Bedeutung und Wortart ändern: z. B. vom Substantiv *Uhu* zur Interjektion *Aha*.

Phoneme können stellungsbedingte Varianten hervorbringen: die Allophone. Diese lassen sich lautlich (phonetisch) unterscheiden. Sie beeinflussen die Aussprache des Phonems, nicht aber die Bedeutung des Wortes. So haben die beiden Adjektive *wach* und *weich* im Auslaut dasselbe Phonem, aber zwei Allophone, nämlich einmal das velare [x] bei *wach* gegenüber dem palatalen [ç] bei *weich*. Der Unterschied ist stellungsbedingt: Der vorausgehende Diphthong *ei* bei *weich* sorgt für die Palatalisierung des Phonems (Verschiebung des Artikulationsortes zum Palatum = Gaumen) und bringt dadurch ein anderes Allophon hervor.

Phonem, Phonologie
Von gr. *phone* = Laut, Ton, Stimme. Als Phonem wird die kleinste Bedeutung tragende Lauteinheit der Sprache bezeichnet. Der Wechsel von Phonemen (wie z. B. von *Tanne* zu *Tonne*) führt also zu Veränderungen in der Bedeutung. Phoneme können sowohl als Vokale wie auch, wie die nächsten Beispiele zeigen, als Konsonanten auftreten: *ringen* vs. *singen*; *zucken* vs. *ducken*. Hier geben einmal zwei Vokale, das andere Mal zwei Konsonanten den bedeutungsrelevanten Ausschlag. Die Zahl der Phoneme wechselt von Sprache zu Sprache, wie auch ihre lautlichen Qualitäten stark variieren. So entsprechen dem Vokal *a* (in der englischen und deutschen Sprache als ein Graphem identisch geschrieben) zwei bzw. drei unterschiedliche Phoneme. Und so hat das Französische aufgrund der Nasalisierung bestimmter Vokale Phoneme, z. B. in *son* oder *sans*, die im Deutschen überhaupt keine Entsprechung haben.

Unterschiedliche Lautungen in den Sprachen führen oft zu Schwierigkeiten im Sprachlernprozess, da Lernende die Tendenz haben, die Lautung ihrer Muttersprache an die Stelle der fremden Lautung zu setzen (→ Interferenz). Sie machen (phonetisch) „Ssenk ju for träwellink wiss Bundesbahn" aus „Thank you for travelling with Bundesbahn". Die Phonologie als Zweig der Sprachwissenschaft untersucht das Gesamtsystem des Lautbestandes einer Sprache und dessen Differenzen zu den Lauten anderer Sprachen.

Phonetik
im Unterschied zur → Phonologie, die objektbezogen, d. h. auf das System der Sprachlaute gerichtet ist, ist die Phonetik subjektbezogen, also auf Menschen und deren anatomisch-physiologische Sprachbildungsmerkmale gerichtet. Phonetiker untersuchen und beschreiben die Sprechwerkzeuge des Menschen (Lippen, Zähne, Zunge, Mundraum, Stimmbänder, Stimmritze, Kehlkopf), um ihren Einfluss auf die Artikulation bestimmen zu können. Während die Laute als solche durch das Sprachsystem phonologisch festgelegt sind, unterliegen die konkreten Lautqualitäten starken subjektabhängigen Variationen, wobei dann z. B. Varianten auftauchen können wie: *Ein S-tudent mit s-pitzen*

S-tiefeln s-tößt an einen s-pitzen S-tein gegenüber *Ein Schtudent mit schpitzen Schtiefeln schtößt an einen schpitzen Schtein*. Phonetiker haben ein eigenes, international gültiges Zeichensystem entwickelt, die Lautumschrift oder phonetische Transkription, um die Aussprache der Laute unabhängig von den dazugehörigen Phonemen beschreiben zu können. Man findet dieses System im *Fremdwörter-Duden*, für die englische Sprache im *Pronouncing Dictionary* von Daniel Jones.

Phrasen, Phrasen dreschen
Von gr. *phrasis* = Ausdruck, Ausdrucksweise. Im Unterschied zum Phraseologismus als Bestandteil der → Phraseologie einer Sprache hat der populäre Begriff „Phrase" (meist gekoppelt mit der Wendung „Phrasen dreschen") eine deutlich negative → Konnotation. Phrasendrescher sind Menschen, die sich einer hohlen, relativ nichtssagenden Sprache bedienen, die aus Überheblichkeit, Gedankenlosigkeit oder Verlegenheit benutzt wird. Es handelt sich meist um Sprecher, die aus beruflichen oder anderen Gründen viel reden, aber eigentlich wenig zu sagen haben, was sie durch einen aufgeblähten Sprachstil zu kompensieren suchen. Sie produzieren, was auch als „Wortgeklingel" oder „leeres Stroh" oder „Gelaber" bezeichnet wird. Kritiker entlarven solche Redeweise als verbales Blendwerk oder sprachliches Imponiergehabe. (Im Schauspielhaus Hannover wurde im November 2013 das Theaterstück „Sie können alles senden" aufgeführt, eine Satire auf die „Phrasendreschmaschine" der Politiker.) Die Neigung zum Phrasendreschen ist in der politischen Rhetorik, aber auch im → Diskurs von anderen „Wichtigtuern", z. B. Managern, verbreitet. Wenn in folgendem Beispiel die Rede ist von „sequenzieller Budget-Straffung zur Systematisierung autonomer Organisationseinheiten", so heißt dies nichts anderes als „weitere Sparmaßnahmen zur Verkleinerung der Firma" (s. a. → Floskel).

Phraseologie, Phraseologismus
Von gr. *phrasis* = Rede, Ausdruck + *logos* = Wort, Sprache. Die Phraseologie ist ein Teilbereich der Sprachwissenschaft, der sich mit den Eigenschaften und der Funktion der so genannten Phraseologismen befasst. Das sind Wortverbindungen von relativ hoher Stabilität, die als typische Redewendungen in bestimmten Situationen gebraucht werden, wie z. B. die Wendung „Jemanden

in die Pfanne hauen". Solche Fügungen können als Teilsätze, aber auch als ganze Sätze auftreten. Sie kommen in allen Sprachen vor und bilden den phraseologischen Bestandteil des jeweiligen Wortschatzes. Wie das obige Beispiel erkennen lässt, kann sich der Begriff Phraseologismus funktional mit Begriffen wie → Metaphorik, → Idiomatik → oder Slang überschneiden. Denn die Redeweise „Jemanden in die Pfanne hauen" ist ein metaphorischer Ausdruck und fungiert im Deutschen zugleich als idiomatische Wendung. Ein Phraseologismus kann daher oft unter verschiedenen sprachlich-funktionalen Aspekten betrachtet werden. Trotz etymologischer Verwandtschaft haben das abschätzig gebrauchte Wort → Phrase (wie in „hohle Phrase", „Phrasen dreschen") und der wissenschaftliche Terminus „Phraseologismus" semantisch nichts miteinander zu tun.

Pidgin- und Kreolsprachen
Pidgin: engl., nach der chinesischen Aussprache des Wortes *business* = Geschäft; Kreol: von portugiesisch *crioulo*, abgeleitet von *criar* = aufziehen, züchten. Bei Pidgin handelt es sich um Brücken- oder Hilfssprachen, die von Sprachgemeinschaften entwickelt werden, die auf andere Gemeinschaften treffen, deren Sprachen ihnen unbekannt sind. Sie machen gewissermaßen aus der Not eine Tugend, indem sie für Zwecke praktischer Verständigung eine Art Zwittersprache entwickeln, die zwischen den einheimischen Idiomen angesiedelt ist und Elemente von beiden Seiten verwendet. Die meisten Pidginsprachen stammen aus der europäischen Kolonialzeit, als die Kolonisatoren auf eingeborene Völker oder Stämme stießen, mit denen sie sich möglichst unkompliziert verständigen wollten. Dadurch bedingt haben Pidginsprachen einen begrenzten Wortschatz, vereinfachte grammatische Strukturen und einen eingeschränkten Funktionsbereich. Sie sind im Vergleich mit den Ausgangssprachen simpel, aber aufgrund ihrer Anpassungsfähigkeit an wechselnde Bedürfnisse im Informationsaustausch (in Handel, Agrikultur, Verwaltung, Verkehr etc.) durchaus kreativ. Für Sprachwissenschaftler sind sie hoch interessant, weil sie vorführen, was geschieht, wenn fremde Sprachen aufeinander treffen und sich „pidginisieren". Typische Fälle von Pidgin sind Chinook (im Nordwesten der Vereinigten Staaten verwendet), Sango (im westlichen Zentralafrika gesprochen) und Tok Pisin (in Papua-Neuguinea beheimatet).

Gelingt es einer Pidginsprache sich fest zu etablieren und regional zu einer Muttersprache zu werden, handelt es sich um Kreol. Pidgin- und Kreolsprachen sind demnach zwei mögliche Stadien in *einem* Entwicklungsprozess. Solche Weiterentwicklung setzt voraus, dass das jeweilige Pidgin sich in Vokabular und Grammatik umfassend erweitert, damit es die erhöhten Anforderungen an eine Verkehrs- und Standardsprache erfüllt. Der entsprechende Vorgang wird Kreolisierung genannt. Klassifiziert werden diese Sprachen nach ihren jeweiligen Grundlagen. So gibt es englisch-basierte, französisch-basierte, spanisch-basierte → Varietäten. Das Kreolisch von Guyana ist beispielsweise französisch-basiert, das in Sierra Leone beheimatete Krio ist englisch-basiert usw. Umstritten ist die Frage, ob das in den USA von Afro-Amerikanern gesprochene Black English eine Kreolsprache darstellt oder eine Varietät neben anderen. Antworten auf diese Frage sind meist nicht ideologiefrei.

Piktogramm
Ein aus lat. *pictum* (gemalt) + gr. *graphein* (schreiben) gebildetes Wort zur Benennung eines besonderen Typus von → Zeichen. Piktogramme sind schematisierte, konventionalisierte Abbildungen, in denen der Kürze und Einfachheit halber Sachverhalte in knappster Weise stilisiert sind. Sie werden hauptsächlich dort benutzt, wo im öffentlichen Verkehr (auf Flughäfen, Bahnhöfen, Behördengebäuden) eine rasche und problemlose Orientierung von Besuchern oder Reisenden erwünscht ist: z. B. das stilisierte Bild eines Koffers als Wegweiser zur Gepäckausgabe, das Bild eines startenden Flugzeugs als Hinweis auf das Areal der Flugsteige, das Bild eines Cocktailglases als Hinweis auf eine Bar oder (als Verkehrszeichen) das Bild eines schlingernden PKWs als Warnung vor glatter Fahrbahn. Die weitgehend internationalisierte „Grammatik" der Piktogramme erlaubt eine simple, eindeutige Verständigung ohne den Einsatz natürlicher Sprachen und ohne die Gefahr von Missverständnissen. Sie sind inzwischen fester Bestandteil einer globalen „Kultur der bunten Bildchen". Ihre Analyse fällt in den wissenschaftlichen Bereich der → Semiotik.

Plagiat
Von lat. *plagiarius* = Menschenräuber, Seelenverkäufer. In seiner eingedeutschten Form bedeutet Plagiat heute nicht mehr Menschenraub, sondern

geistiger Diebstahl. Davon spricht man, wenn Autoren (Schriftsteller, Künstler, Forscher) sich mit fremden Federn schmücken, indem sie Gedankengut aus der Literatur, Kunst, Musik oder Wissenschaft übernehmen (kopieren) und als ihr eigenes ausgeben. Sie verletzten damit das → Urheberrecht, das solches Gut als geistiges Eigentum schützt. Dadurch machen sie sich strafbar oder kommen mit den Prinzipien ihrer Berufsethik in Konflikt. Während es sowohl legal als auch legitim ist, Gedanken oder Motive aus fremden Werken zu übernehmen, sie zu zitieren (→ Zitat) oder paraphrasieren (→ Paraphrase), so erfordert eine solche Übernahme stets die Angabe der benutzten Quelle(n) und damit die Anerkennung der originären Leistung. Doch „gemogelt" wird häufig. Jüngst hat es in Deutschland etliche Verfahren wegen Urheberrechtsverletzungen gegeben, welche die Gerichte vor die Aufgabe zweifelsfreier Beweisführung stellten. Sie kann schwierig sein, da die Grenzen zwischen plumper Täuschung, verstecktem Gedankenklau, unbewusster Übernahme und künstlerischer Nachahmung fließend sind.

Bis zur Einführung der Universalen Copyright-Konvention von 1955 ging man recht „großzügig" mit fremdem Gedankengut um. Raubkopien in der Literatur und Fälschungen in der Bildenden Kunst waren an der Tagesordnung. In der Renaissance waren Künstler nicht selten stolz, wenn sie (um der Verbreitung ihrer Kunst halber) fähige Kopisten oder Imitatoren als Schüler hatten. Und klösterliche Schreiber hatten nicht die geringsten Skrupel, Werke der theologischen und klerikalen Literatur abzuschreiben, um sie zu verbreiten und Bibliotheken damit auszustatten.

Pleonasmus und Tautologie
Von gr. *pleonasmos* = Überfluss. So wird ein Sprachmerkmal (als Nachlässigkeit mancher Sprecher) bezeichnet, das eine unnütze und entbehrliche Anhäufung von Wörtern zur Beschreibung *eines* Sachverhalts enthält. Es handelt sich dabei um eine Doppelaussage, die semantisch Selbstverständliches oder sachlogisch Zwingendes zweimal ausdrückt. So z. B. wenn von einem „alten Greis", einem „weißen Schimmel", einem „runden Kreis" oder von „grünem Gras" die Rede ist. Hier wird durch die Adjektiv-Substantiv-Verbindung keine zusätzliche → Information geliefert oder neue Erkenntnis vermittelt, sondern nur eine bestimmte Form der → Redundanz gestiftet. Eine Rede wie die vom

„weißen Schimmel" kommt dadurch zustande, dass sich im Kopf des Sprechers die Nennung des Tieres und die Identifikation seiner Farbe dissoziieren, statt als zusammengehörig (Schimmel = weiß) wahrgenommen zu werden.

Eine Variante des Pleonasmus ist die Tautologie (von gr. *tauto* = dasselbe + *logos* = Rede). Sie enthält ebenfalls eine Doppelaussage; aber diese erscheint nicht als überflüssig, sondern dient zur stilistischen Intensivierung oder Emphase einer Aussage. Hier werden → Synonyme zum Zweck stärkerer Betonung des Gesagten oder Geschriebenen eingesetzt, um dessen Eindringlichkeit zu erhöhen. Der gewünschte Effekt wird durch Verkettung von Adjektiven erreicht, die (nahezu) gleichbedeutend sind wie: „nackt und bloß", „immer und ewig", „hoch und heilig", „voll und ganz", „einzig und allein".

Poetik, Poetologie
Von gr. *poiesis* = Dichtung. Poetik ist die Theorie der Dichtkunst. Sie berührt sich mit den Nachbargebieten der Ästhetik und der Literaturwissenschaft und trifft Aussagen über das Wesen der Poesie unter den Aspekten ihrer sprachlichen Darstellungsmittel und deren „richtigem" Einsatz. Sie bestimmt, was Dichter tun und was sie unterlassen sollten, macht Aussagen über die Kriterien des guten Geschmacks, warnt vor sprachlichen Fehlgriffen und gibt Empfehlungen für die Behandlung der einzelnen Gattungen. Auch die Beachtung gesellschaftlicher Tabus wurde angemahnt und poetisch begründet. War sie als normative Poetik bis ins 18. Jahrhundert hinein prägend, so spielt sie als Folge des kulturellen Pluralismus und der heute geltenden dichterischen Freiheiten mittlerweile kaum noch eine Regel setzende Rolle. *Wie* ein Dichter schreibt, bleibt ihm heute weitgehend überlassen, solange er ein Publikum und Kritiker findet, die ihn als lesenswert erachten. Auch die Poetologie als Wissenschaft von der Poesie und der Poetik spielt heute nur noch eine historische Rolle.

Polemik
Von gr. *polemos* = Streit. Darunter wird heute kein Streit im landläufigen Sinne, sondern (in eingeschränkter Bedeutung) ein „Federkrieg" zwischen Autoren verstanden. Das Wort bezeichnet eine Auseinandersetzung mit den Mitteln der Sprache, in der Meinungen aufeinanderprallen und die

Kontrahenten wenig zimperlich miteinander umgehen. Polemischer Streit findet häufig in der Philosophie, der Politik, der Kunst und der → Publizistik statt. In der Theologie ist die Polemik ein Teil der Konfessionskunde, in der Glaubensrichtungen voneinander abgegrenzt und gegeneinander verteidigt werden.

In seiner Wirkung auf das Publikum ist der Federkrieg oft ambivalent: Auf der einen Seite kann er intellektuell interessant und auch amüsant sein, wenn er brillante Formulierungen und scharfsinnige Beobachtungen enthält. Auf der anderen Seite steht er in Gefahr, in beleidigende oder unfaire Äußerungen „umzukippen", wenn der Boden der Sachlichkeit verlassen und aggressiven Gefühlen Raum gegeben wird. Meister der geschliffenen Sprache wie Heinrich Heine und Kurt Tucholsky waren imstande, Polemik auf gekonnte Weise mit Satire zu verbinden und zu einer Sprachkunst zu machen.

Polysemie
Von gr. *poly* = viel + *semainein* = bezeichnen. Ein Begriff aus der → Semantik, der zur Bezeichnung multipler Bedeutung (drei oder mehr mögliche Bedeutungen eines Worts) benutzt wird. Zum Beispiel kann das Lexem Stock einen Spazierstock oder auch einen Knüppel bezeichnen. Es kann sich zudem auf ein Stockwerk in einem Gebäude beziehen (3. Stock). Und schließlich kann auch ein Blumenstock gemeint sein. Durch die Einbettung in einen Satz oder Text fällt es den Sprachbenutzern normalerweise nicht schwer, die richtige Bedeutung durch den Kontextbezug zu finden.

Zu unterscheiden von Polysemie sind → Homonymie und Homographie. Das eine liegt vor, wenn zwei oder mehr Lexeme dieselbe Form haben, aber Verschiedenes bedeuten, wie im Fall von Bremse (was ein Insekt aber auch eine Vorrichtung zur Bewegungsverlangsamung bezeichnen kann). Das zweite liegt vor, wenn Wörter gleich geschrieben werden, aber – kontextbedingt – unterschiedliche Bedeutung und Aussprachemerkmale annehmen. Beispiel: Über*setzen* als Übertragung in eine andere Sprache vs. übersetzen als Überqueren eines Flusses.

Poststrukturalismus
siehe Strukturalismus, Poststrukturalismus

Pragmalinguistik

Von gr. *pragmatikos* = richtig handelnd. Seit den 1960er Jahren ein Zweig der Linguistik, der die sprachlichen Äußerungen des Menschen nicht nur unter expressiven und kommunikativen, sondern unter pragmatischen, d. h. auf seine Handlungen bezogene Strategien untersucht. Grundsätzlich kann Sprache als symbolische Handlung aufgefasst werden, auch wenn keine konkrete Handlung im herkömmlichen Sinne zu beobachten ist. Für Pragmalinguisten ist der Mensch nicht nur ein Sprechender oder Schreibender, sondern ein sprachlich Handelnder, der seine Worte dauernd auf seine Verhaltensweisen abstimmt, um in der Lebenspraxis bestimmte Ziele zu verwirklichen. Wer z. B. bei einer Verletzung „Autsch!" ruft und das Gesicht verzieht, spricht und handelt insofern, als er nicht nur Schmerzgefühl äußert, sondern der Umwelt seinen Zustand mitteilt. Eventuell will er erreichen, dass ihm jemand hilft, ihn tröstet, zur Vorsicht mahnt usw. und ein bestimmtes soziales Handlungsfeld um ihn aufbaut. Wenn ein Polizeibeamter „Halt!" sagt und gleichzeitig die Hand hebt, so sind diese beiden Verhaltensweisen aufeinander abgestimmt: sie sind linguistisch wie auch pragmatisch bedeutsam. Besonders bei zeremonieller und ritueller Sprache, z. B. im Gottesdienst oder bei Urteilsverkündungen vor Gericht, ist dieser pragmatische Aspekt gut zu beobachten. Dadurch werden Handlungen vorbereitet, ausgelöst, begleitet oder abgeschlossen. In sozialen Zusammenhängen ist Sprache nicht von Handlung zu trennen.

Propaganda

Von lat. *propagare* = verbreiten. Propaganda ist die verbale und/oder bildliche Methode der Verbreitung politischer Botschaften an bestimmte Zielgruppen. Dies können ganze Nationen und deren Regierungen sein, aber auch kleinere Gruppen (soziale Klassen, politische Parteien, Glaubensgemeinschaften, Interessenverbände, Konsumenten, revolutionäre Kader und dergleichen). Auf jeden Fall handelt es sich um Botschaften, die mehr oder minder massive Beeinflussungsversuche gegenüber den Adressaten darstellen. Diese sollen von der Richtigkeit und Maßgeblichkeit der propagierten Inhalte überzeugt und zur Zustimmung zum verbreiteten Welt- und Gesellschaftsbild veranlasst werden. Das unterscheidet die Propaganda grundsätzlich von der → Information. Propagandisten sind fast immer Ideologen, die mit Mitteln der → Persuasion arbeiten und vor Manipulation oft nicht zurückschrecken. Demgegenüber sind Informationsträger Übermittler von Nachrichten, die Daten, Fakten, Ereignisse oder Erkenntnisse neutral an Informationsempfänger weitergeben. Aufgrund schlimmer Erfahrungen zur Zeit des deutschen Nationalsozialismus hat der Propagandabegriff heute eine negative → Konnotation. Er ist belastet mit dem Argwohn der Falschheit, Einseitigkeit und Parteilichkeit, der vom → Lügenverdacht nicht weit entfernt ist. Der Verbreitung von Propaganda können alle Medien dienen: Presse, Rundfunk, Film, Fernsehen, Werbung, Literatur und öffentliche Rede.

Prosodie
Von gr. *prosodia* = Ode, Zugesang. Ursprünglich ein Begriff aus der antiken Verslehre, der die „richtige" Behandlung der Sprache in der Poesie bezeichnet, hauptsächlich in Bezug auf Rhythmus, Metrik, Artikulation, Sprechtempo und Silbenbetonung. In der heutigen Sprachwissenschaft ist Prosodie die Beschreibung oder Analyse der „Sprachmelodie" oder Intonationsmuster von Sprechern, also ein Zweig der → Phonologie. Die prosodischen Sprachmuster, auch suprasegmentale Merkmale genannt, sind durch Konventionen festgelegt. Sie regulieren, abhängig von spezifischen Wort- und Satzstrukturen, die qualitativen Abstufungen (Hebungen und Senkungen) der Stimme. Vgl. z. B. die intonatorischen Unterschiede bei „Sie warten." gegenüber „Sie warten?" gegenüber „Sie warten!!!" Oder die Differenz zwischen „Ihr kommt wieder." und der Frage „Ihr kommt *wieder*?" Zugleich sind sie jedoch individuell so verschieden, dass keine zwei Sprecher sich absolut gleichen. Dann berührt sich die Prosodie mit der → Phonetik. Es gibt graphische Verfahren zur Transkription, mittels derer sich die Muster darstellen lassen. Darüber hinaus erlauben elektronische Messinstrumente (Laut-Spektrographen) wissenschaftliche Feinanalysen, die die abweichenden Merkmale objektiv erkennen lassen. Sie finden ihre praktische Anwendung in der Sprachforschung, aber auch in der Gerichtsmedizin, wenn es um die Identifikation „akustischer Fingerabdrücke" (Tonhöhe, Lautstärke, Modulation, Sprechtempo) geht, die juristisch bedeutsam sein können.

Protentionen – Retentionen
Von lat. *protenere* = vorhalten bzw. *retenere* = behalten, erinnern. Hiermit werden zwei Vorgänge bezeichnet, die (meist unbewusst) während sprachlicher

Dekodierungs- und Verstehensprozesse ablaufen. Man muss ich klar machen, dass es sich, da sprachliche Vorgänge stets irgendwo ihren Anfang und ihr Ende haben, um Vorgänge in der Zeit handelt. Die Prozesse entwickeln sich dynamisch entlang der Zeitachse. Sowohl am Beginn als auch während des Hörens, Lesens und Verstehens bildet der Rezipient Erwartungen im Hinblick auf das Kommende. Er versucht, so gut er kann, den weiteren Verlauf der übermittelten Botschaft vorwegzunehmen, wobei er in seinen Protentionen entweder bestätigt oder widerlegt wird. Gleichzeitig speichert er, so gut er kann, das Gehörte oder Gelesene im Gedächtnis und bildet Retentionen des Verstandenen. Auf diese Weise stellt er sicher, dass das bislang Gehörte oder Gelesene und das Vorweggenommene sich widerspruchsfrei ineinander fügen. In seinen Erwartungen springt er also vor, während er in seinen Erinnerungen ständig zurückgreift. Aus dem Zusammenspiel dieser Aktivitäten erstellt er die Bedeutung. Ein Beispiel: Man beginnt mit der Lektüre eines Kriminalromans und erwartet (zu Recht oder zu Unrecht) eine bestimmte Entwicklung der Handlung (Protention). Will man die Entwicklung angemessen verstehen, muss man ihre verschiedenen Phasen und Stationen im Gedächtnis speichern (Retentionen), um ein kohärentes Bild zu bekommen. Am Schluss zählt für die Bildung des Gesamtverständnisses allerdings nur die Summe der Retentionen, während die Protentionen (ob richtig oder falsch) dann unwichtig sind. Gänzlich falsche Protentionen können zu Problemen (Rätseln, Überraschungen, Unklarheiten) im Verstehensprozess führen. Eventuell müssen Passagen nochmals gelesen oder Redeteile nochmals gehört werden. Wenn jemand sagt: „Ich hab den Faden verloren", so ist das ein Problem unzureichender Retentionen. Heißt es: „Das hab ich mir gedacht", so handelt es sich um zutreffende Protentionen.

Pseudonym
Von gr. *pseudos* = falsch + *onyma* = Name. Der vom Verfasser einer Schrift gewählte „falsche" Name, der einer Verschleierung seiner Identität dient. Die Motive können vielfältig sein: Vorsicht (bei politisch heiklen Themen), Selbstschutz (bei moralisch gewagten, z. B. erotischen Schriften), Furcht vor auktorialer Verantwortung, Rücksichtnahme auf ständisch-soziale Etiketten, Reiz der Erfindung eines „anderen Ichs", Wunsch nach einem exotisch klingenden Namen, Freude am Spiel mit der Sprache (→ Akronym, Anagramm). Jean Paul hieß in

Wirklichkeit J. P. Friedrich Richter, Joachim Ringelnatz hieß Hans Bötticher, Anatole France hieß Jacques Thibault, Hugo von Hofmannsthal war Theophil Morren. Auch eitel bombastische Namen wie Abraham a Santa Clara (= Ulrich Megerle) oder lateinisch veredelte Selbstbezeichnungen wie Angelus Silesius (= Johannes Scheffer) wurden gewählt. Unter *Pseudandronymen* haben Frauen als Männer publiziert (z. B. George Eliot = Mary Ann Evans, George Sand = Aurore Dudevant) und unter *Pseudogynonymen* Männer als Frauen (z. B. Clara Gazul = Prosper Merimée). Die meisten Pseudonyme konnten von Zeitgenossen oder Sprachwissenschaftlern „geknackt" werden. Eine Ausnahme bildet B. Traven, der mysteriöse Autor des Romans *Das Totenschiff*, dessen Identität immer noch umstritten und über Hypothesenbildung nicht hinausgekommen ist.

Sonderfälle der Pseudonymität finden wir in den Schriften des Neuen Testaments, wo unbekannte „Lügenautoren" sich die Autorschaft bekannter Verfasser angemaßt haben. So wird von der heutigen Theologie angenommen, dass die unter dem Namen Paulus geführten Epheser- und Kolosserbriefe wie auch die sogenannten Pastoralbriefe (an Timotheus und Titus und Philemon) nicht von Paulus stammen. Nicht zu verwechseln sind *pseudonyme mit anonymen* Werken. Bei anonymen Werken ist der Urheber tatsächlich unbekannt – entweder, weil er von vornherein (evtl. aus Scheu vor Öffentlichkeit) unbekannt bleiben wollte, oder weil sein wirklicher Name „verschollen" ist oder weil zu bestimmten Zeiten (z. B. im Mittelalter) die Autorschaft einer Schrift als nicht wichtig angesehen wurde.

Psycholinguistik
Zweig der Linguistik, wo der Zusammenhang zwischen sprachlichen und seelischen Vorgängen untersucht wird. Da die Psychogenese des Menschen eng mit seinem Spracherwerb verbunden ist, lässt die seelische Konstitution eines Individuums seine sprachlichen Besonderheiten, Gewohnheiten und Schwierigkeiten nicht unbeeinflusst. Das Spektrum ist breit: Es kann z. B. an einem Ende die Frage untersucht werden, welche seelischen Merkmale gegeben sein müssen, damit jemand zu einem Sprachgenie wie James Joyce werden kann (Kreativitätsproblem), während am anderen Ende intellektuelle Defizite unter dem Aspekt psychischer Labilität diagnostiziert werden können. Hat jemand starke Hemmungen, z. B. im Umgang mit dem anderen Geschlecht, so können

diese durchaus seine Sprach- und Kommunikationsfähigkeit beeinträchtigen. Stottert jemand bei der Artikulation bestimmter Wörter oder Wortfolgen (und nur dann), kann auf seelische Verursachung getippt werden. Ein sehr interessantes Gebiet der Psycholinguistik gilt der Frage, ob Männer und Frauen unterschiedlich sprechen und schreiben, entweder weil sie – psychogenetisch bedingt – unterschiedlich denken oder weil sie je unterschiedliche Sozialisationen durchlaufen. Auch die wechselnden Erfolge beim Spracherwerb von Kindern werfen psycholinguistische Fragen auf.

Publikum
Von lat. *publicus* = öffentlich. Der Begriff bezeichnet die an kulturellen Angeboten und Veranstaltungen interessierte und teilnehmende Öffentlichkeit: Leser von Druckwerken, Zuschauer von Film- und Theatervorstellungen sowie Konsumenten elektronischer Medienangebote. Zwischen den Angeboten und ihren Rezipienten herrscht ein vielschichtiges, wechselseitig einflussreiches Verhältnis: So beeinflusst die Leserschaft mit ihren Interessen und geschmacklichen Orientierungen deutlich den Buch- und Zeitschriftenmarkt (was nicht nachgefragt wird, lässt sich nicht verkaufen). Andererseits beeinflussen dessen Angebote die Präferenzen und Konsumgewohnheiten der Leser (was stark beworben wird, findet meist auch Abnehmer). Schlüsselt man das Publikum bei Büchern und Zeitschriften soziologisch nach Interessenlagen und Kaufverhalten auf, entsteht ein differenziertes Bild: Es gibt Liebhaber von Biographien, Sachbüchern, Kriminalromanen, Liebesgeschichten, poetischen Werken, Produkten der „Regenbogenpresse" usw. Andererseits gibt es Sparten im Verlagswesen, die fachlich auf die Interessen der Leserschaft zugeschnitten sind: Belletristik, geschichtliche Darstellungen, Abenteuer- und Kriminalliteratur, wissenschaftliche Werke, Science Fiction, Ratgeber, Schulbücher u. a. Die hier herrschende Dynamik hat zur Folge, dass in kaum einem anderen Wirtschaftszweig die Fluktuation infolge von Krisen, Verkäufen, Fusionen, Fehlplanungen, Monopolbildungen etc. so stark ist wie im Verlagswesen.

Publizistik
Von lat. *publicare* = öffentlich zeigen. Die Publizistik ist der berufliche Bereich, in dem sich die schreibende Zunft (Journalisten, Kommentatoren,

Kritiker, freie Schriftsteller) zu aktuellen, meist tagespolitischen und gesellschaftlichen Themen und Problemen äußert. Während Publizisten vor dem Zweiten Weltkrieg in der Regel autodidaktisch gebildete, freie Autoren waren, ist Publizistik heute ein akademischer Ausbildungsberuf, der an verschiedenen Hochschulen in Deutschland und im nahen Ausland (Berlin, Mainz, Zürich, Wien) unter unterschiedlichen Etiketten mit unterschiedlichen Abschlüssen (Diplom, Bachelor, Magister) studiert werden kann: als Zeitungswissenschaft, Journalismus, Kommunikationswissenschaft oder eben Publizistik. Es gibt einen Dachverband, die Deutsche Gesellschaft für Publizistik und Kommunikationswissenschaft (DGPuK), mit Sitz in Eichstätt.

Purismus
(Von lat. *purus, puritas* = sauber, Sauberkeit.) Der sprachliche Purismus ist eine Ideologie, die auf der Vorstellung der Reinheit und dem Ideal der Reinerhaltung der Sprache basiert.[1] Puristen glauben, es gäbe so etwas wie einen reinen, unverdorbenen (Ur-)Zustand der Sprache. Daraus leiten sie eine Pflicht für die Sprachgemeinschaft ab, die Unverdorbenheit zu bewahren und vor Verfall und schädlichen Einflüssen zu schützen. Es handelt sich also um die sprachliche Spielart eines rigorosen Konservatismus. Diese Ideologie basiert auf einer Illusion, insofern als die Sprachgeschichte, eingebettet in die politische und Kulturgeschichte, zeigt, dass keine Sprache der Welt (einige isoliert existierende Eingeborenen-Sprachen ausgenommen) jemals „rein" gehalten werden konnte. Ob durch intellektuellen Austausch, Handel, Migrationen, Eroberungen, Kriege oder anders verursacht, stets haben → Sprachkontakte dafür gesorgt, dass im wechselseitigen Verkehr Aufnahme und Abgabe stattfanden (→ Fremdwörter vs. Lehnwörter). Ohne Offenheit seitens der Sprachbenutzer hätte es diesen Austausch nicht gegeben. Wenn heute Stimmen laut werden, die eine sorgfältigere Pflege der deutschen Sprache anmahnen, so handelt es sich dabei selten um puristische Forderungen, sondern eher um Appelle an die

---

1   Es gibt auch puristische Strömungen in Kunst und Religion. So bekannten sich Vertreter des französischen Symbolismus zum ästhetischen Purismus „ reiner" Poesie, während die angloamerikanischen Puritaner glaubten, zur „Reinheit" der Urchristen zurückkehren zu können.

Gesellschaft, sich der → Sprachkultur stärker bewusst zu werden und Schludrigkeiten im Umgang mit Grammatik und Vokabular auszumerzen. Oder es geht um die politische Forderung, Sprache als Kulturgut besser zu schützen (Stichwort: „Deutsch ins Grundgesetz"). Pflege der Sprache darf also nicht mit sprachlichem Purismus verwechselt werden.

R

Rätsel
Von althd. *roetsel* = erraten, deuten. Ein Rätsel ist die in eine Frage gekleidete sprachliche oder bildhafte Umschreibung eines Sachverhalts (Objekts, Vorgangs, Naturphänomens), dessen Realität verdeckt ist und dem Adressaten des Rätsels zur Aufdeckung aufgegeben wird. Das Prinzip besteht darin, dass eine geistreiche, überraschende, nicht-lineare Beziehung zwischen dem Gegenstand des Rätsels und dem Inhalt seiner Lösung hergestellt wird, wie z. B. in den dem Kinderrätsel „Was hängt an der Wand, hat den Rücken verbrannt?" (Bratpfanne). Rätsel haben eine lange, in der Magie wurzelnde Tradition und finden sich im Kulturgut fast aller Völker. Es sind verbale (oder semiotische) Spiele, die sich an die Intelligenz der Adressaten wenden und von ihnen erwarten, dass sie den verborgenen Sachverhalt durch Vorstellungskraft, Logik oder Kombinatorik entdecken – eine Scharfsinnigkeitsprüfung also, die beim „Prüfling" sprachliche Kompetenz, Intelligenz und/oder kulturelles Wissen erfordert.

In der Gegenwartskultur vorherrschend sind Rätsel als Denksportaufgaben (Buchstabenrätsel, Silbenrätsel, Zahlenrätsel, Kreuzworträtsel, Schachrätsel u. a.). In der Geschichte finden wir Rätseldichtungen und die so genannten Völkerrätsel, die oft mit der Mythologie eines Volkes verknüpft sind. Berühmt ist z. B. das Rätsel, das die Menschen fressende Sphinx dem Ödipus aufgibt: „Es ist am Morgen vierfüßig, am Mittag zweifüßig, am Abend dreifüßig." Ödipus errät richtig, dass der Mensch gemeint ist, der als Baby auf allen Vieren krabbelt, als Erwachsener aufrecht geht und als alter Mensch einen Stock benutzt. Die Sphinx gibt sich geschlagen und stürzt sich in den Tod. In der Erzählung „Turandot" von Carlo Guzzi und der gleichnamigen Oper von Giacomo

Puccini lässt die persische Prinzessin Turandot jeden Freier hinrichten, der ihre Rätsel nicht löst. So konnten gelöste und ungelöste Rätsel im Volksglauben beträchtliche Konsequenzen haben und über Leben und Tod, Belohnung oder Bestrafung, Ruhm oder Schande der Ratenden entscheiden.

Redundanz
Von lat. *redundantia* = Überfülle. Sprachliche Äußerungen bestehen nicht nur aus → Information, sondern enthalten meistens einen den reinen Informationsbetrag überschießenden, für die Dekodierung eigentlich nicht notwendigen Anteil. Dieser Anteil ist die so genannte Redundanz, die vor allem in der gesprochenen Sprache eine wichtige Rolle spielt. Es handelt sich dabei um eine Art semantische Polsterung, um Signale, die sicherstellen sollen, dass Botschaften problemlos verstanden werden. Die Redundanz folgt dem Prinzip „Lieber zu viel als zu wenig" und gründet auf der Erkenntnis, dass in der mündlichen Kommunikation bei schnellem Sprechen oder kompliziertem Formulieren wichtige Signale leicht überhört oder nicht sofort verstanden werden. Dem kann durch redundante Wiederholungen oder Umschreibungen oder Bestätigungen entgegengewirkt werden: „Wie schon gesagt..." (fügt keine neue Information hinzu); „Die hatten eben keine Ahnung" (die Ahnungslosigkeit wurde vorher schon festgestellt). Ein hoher Redundanzanteil in der Rede kann allerdings in Wiederholungen ausarten, die den Gesprächspartner „nerven". Da geschriebene Sprache anders kodiert ist als gesprochene, sind Redundanzen hier seltener. Sie gelten als stilistisch unschön, da buchstäblich überflüssig, und sollten möglichst vermieden werden. Als „Gedächtnisstützen" in anspruchsvollen Texten können sie jedoch sinnvoll sein, wenn sie das Verständnis erleichtern. Daher die nützlichen Zusammenfassungen am Ende von Sachbüchern und wissenschaftlichen Werken, die eigentlich redundant sind.

Register
Mit diesem Begriff bezeichnen Sprachwissenschaftler eine für einen bestimmten Kommunikationsbereich charakteristische Rede- und Schreibweise. Im jeweiligen Register bilden sich soziale Funktionen und Beziehungen (hauptsächlich beruflicher und bildungsmäßiger Art) ab. Die verschiedenen Register unterscheiden sich in erster Linie im benutzten Vokabular, sie können aber auch

die Grammatik und Phonetik berühren. So wird ein Angestellter im Gespräch mit seinem Vorgesetzten eine andere Sprechweise benutzen als unter Freunden, und ein Steuerzahler wird im Schriftverkehr mit den Finanzbehörden ein anderes Register heranziehen als bei Äußerungen gegenüber Berufskollegen. Jeder Mensch verfügt im Regelfall über mehrere Register, die er aus seiner gesellschaftlichen Erfahrung heraus (meist) unreflektiert wechselnden Situationen anpasst. Bei der Wahl eines Registers können hierarchische Verhältnisse in der Gesellschaft eine Rolle spielen, müssen es aber nicht. Sie können rein situativ bedingt, z. B. von Geboten der Höflichkeit diktiert sein. Der Begriff ist nicht zu verwechseln mit → Jargon, in dem ein gruppenspezifischer Wortschatz gepflegt wird, der nach innen solidarisierend und nach außen abgrenzend wirkt.

Retentionen
siehe Protentionen – Retentionen

Rezeption
Von lat. *recipere* = aufnehmen, empfangen. Der Begriff bezeichnet in der Sprach- und Literaturwissenschaft die Art und Weise, wie Individuen und/oder Gruppen bestimmte Texte oder Werke aufnehmen, d. h. verstehen, bewerten, vermitteln, kritisieren, umarbeiten usw. Im Unterschied zur → Interpretation, die einen bewussten Akt der Erschließung und Deutung nach bestimmten Leitlinien bezeichnet, bedeutet Rezeption eher die spontane, ungeleitete Aufnahme nach Maßgabe von Geschmack, Interesse, Erwartung, Erfahrung, Bildung, Vorlieben, Vorurteilen u. dgl. Infolge solcher Einflussfaktoren können beträchtliche Bandbreiten der Rezeption entstehen, auf denen sich Junge von Alten, Männer von Frauen, Gebildete von Ungebildeten, Einheimische von Ausländern unterscheiden. Jeder Interpretation geht logischerweise eine Rezeption voraus, da letztere primär und erstere sekundär ist: Man muss einen Text ja erst gelesen haben, bevor man ihn deuten kann, auch wenn die Deutung evtl. schon früh im Lektüreprozess einsetzt. Interpretation ohne Rezeption ist also nicht möglich.

Auf der anderen Seite können Rezeptionen, die spontan auf Unklarheiten stoßen und zu unsinnigem oder obskurem Textverständnis führen, u. U. durch Interpretationen aufgehellt und „korrigiert" werden. Obwohl jede Rezeption zunächst einmal individuell abläuft und Individuen sich diesbezüglich unterscheiden, gibt es unter bestimmten kulturellen oder historischen Umständen kollektive Tendenzen. So spricht man beispielsweise von der „Shakespeare-Rezeption in der Romantik" oder von der „Dostojewski-Rezeption im vorrevolutionären Russland". Oder man unterscheidet die Rezeption von Expertengruppen von der des Massenpublikums. In solchen Qualifizierungen mischen sich dann allerdings oft interpretative mit rezeptionspsychologischen Äußerungen der Zeitgenossen.

Rhetorik
Von lat. *ars rhetorica* = Redekunst. Das ist seit der Antike die Kunst der kultivierten Rede als effektvolles Verfahren zur Erbauung, Erziehung, Beeinflussung, Überzeugung eines Publikums. Sie liefert sprachtechnische Mittel und gibt stilistische Empfehlungen zur wohlgeordneten, wohlklingenden Rede in der Prosa (im Unterschied zur → Poetik in der Dichtkunst). Im Mittelalter und der Renaissance gehörte die Rhetorik (neben Grammatik, Dialektik, Arithmetik, Geometrie, Astronomie und Musik) zu den „sieben freien Künsten" (*septem artes liberales*), deren Studium für alle Gebildeten ein akademisches Pflichtpensum darstellte und die im Kanon keiner Universität fehlen durften. Als „ frei" wurden diese Disziplinen deshalb bezeichnet, weil sie den Menschen geistig frei machen sollten. Von innen betrachtet besitzt die klassische Rhetorik ein differenziertes Inventar an Stilmitteln, die sich in zwei große Gruppen gliedern: Tropen und Figuren. Als Tropen werden alle Sprachbilder bezeichnet, die nach Art von Metaphern das Eigentliche durch das Uneigentliche ersetzen. Figuren sind demgegenüber Mittel zur Verdeutlichung, die mit syntaktischen Kunstgriffen (z. B. Parallelismen, Chiasmen) arbeiten. Ihre herausragende Rolle in der Bildung hat die Rhetorik heute weitgehend eingebüßt, auch wenn es noch private Rhetorikschulen, rhetorisch brillante Redner und Rhetorikwettbewerbe gibt. An deutschen Universitäten hat derzeit nur die Universität Tübingen einen Lehrstuhl für Rhetorik.

Rhetorische Frage
Das ist ein in Ansprachen, Predigten, Vorträgen, Artikeln, poetischen Werken u. dgl. oft verwendetes Stilmittel. Es dient der Erhöhung der Dramatik,

der größeren Eindringlichkeit und Erregung von Aufmerksamkeit: Ein Autor/Redner stellt eine Frage, auf die (nach herrschender Konvention) keine Antwort erwartet wird. Es ist also eine Scheinfrage, die nicht Zweifel oder Nichtwissen oder Neugier ausdrückt, sondern das implizite Gegenteil, Gewissheit: „Sind wir nicht Manns genug, um das Problem selbst zu lösen?" (Natürlich sind wir das). „Bedurfte es eines derartigen Aufwands für die Organisation?" (Nein, dessen bedurfte es nicht). „Hat der Himmel denn kein Erbarmen mit unserer Not?" (Offensichtlich nicht.) Das Stilmittel der rhetorischen Frage hat eine lange Tradition, die auf die antiken Redner und Philosophen (Demosthenes, Cicero u. a.) zurückgeht. Auch in der abendländischen Poesie finden sich zahlreiche Beispiele, so z. B. in Schillers „Die Kraniche des Ibikus": „Wer zählt die Völker, kennt die Namen, die gastlich hier zusammenkamen?" Hier wird von vornherein keine Antwort und keine Identifikation dieses „Wer" erwartet; denn niemand kann die Völker zählen und die Namen nennen. Es sind zu viele.

S

Sapir-Whorf-These
Bei dieser, von den Sprachwissenschaftlern Edward Sapir und Benjamin Whorf um die Wende zum 20. Jahrhundert aufgestellten These über den Zusammenhang von Sprache, Wahrnehmung und Denken handelt es sich um die berühmteste und umstrittenste Theorie, die jemals in der Sprachgeschichte entwickelt wurde. Sie basiert auf der Grundannahme, dass die Sprache das allgemeine Denkvermögen des Menschen reflektiert und dass die Wirklichkeit je nach Unterschiedlichkeit der Sprache unterschiedlich wahrgenommen und gedeutet wird. So behaupteten Sapir und Whorf, die Eskimos verfügten über mehrere Dutzend Wörter für Schnee und diese spiegelten die Nuancen in der Wahrnehmung wider, mit der Eskimos verschiedene Schneeformen registrieren. Aus der Behauptung ergab sich z. B. der weitreichende Schluss, dass die Anwender einer Sprache bestimmte Farben nicht unterscheiden können, wenn in ihrem Idiom die entsprechenden Wörter für diese Farben fehlen. Zugespitzt formuliert: Lücken im Sprachsystem spiegeln Lücken im Denken und

zugleich Lücken in der Erfahrung und Deutung der Wirklichkeit. In neueren Untersuchungen wurde jedoch gezeigt, dass selbst Menschen aus Kulturen, in denen man zur Beschreibung von Farben nur zwei Wörter kennt – etwa: hell und dunkel – sich trotzdem eine breite Farbskala vorstellen können. Auch sind sie in der Lage, verschiedene Farbschattierungen zu behalten und zuzuordnen, ebenso gut wie Menschen, deren Sprache eine Vielzahl von Wörtern zur Beschreibung einer Farbe enthält. Dies deutet anthropologisch auf eine gewisse Unabhängigkeit von Sprache und Wahrnehmung wie auch von Sprache und Denken hin.

Sarkasmus
Von gr. *sarx* = Fleisch. Ein Sarkasmus ist ein scharfer („ins Fleisch schneidender") Ausdruck als extreme Form verbaler → Ironie. Sein angestammter Platz ist die Satire, aber auch in der Alltagssprache werden Sarkasmen benutzt, wenn gegenüber einem Sachverhalt oder einer Person starke Missbilligung oder Verachtung ausgedrückt wird. Der Sprecher/Schreiber greift zu beißendem Spott als „Waffe", wenn ihm in seiner Empörung oder Enttäuschung eine andere Form der Kritik nicht zu Gebote steht. Sind Personen die Zielscheibe von Sarkasmen, können sie sich angegriffen und verletzt fühlen. Beispiel: Kommentiert ein Beobachter die gut gemeinten, aber scheiternden Bemühungen von Mitmenschen mit den Worten: „Da habt ihr nun euer Fett", so ist das eine typisch sarkastische Bemerkung, das Gegenteil von Lob oder Schmeichelei. Hinter Sarkasmen steckt meist eine desillusionierte, pessimistische oder auch menschenverachtende Einstellung, die sich auf diese Weise „Luft verschafft". Insofern handelt es sich um verbale Angriffe, die eine seelische Ventilfunktion erfüllen können.

Satz
Von ahd. *saz*. Obwohl kein kompetenter Sprecher bezweifelt, dass seine Sprache (neben Wörtern und Silben) aus Sätzen besteht, und er intuitiv zu wissen glaubt, was ein Satz ist, hat es sich linguistisch als schwierig erwiesen, eine allgemein akzeptierte, für alle Sprachen gültige Definition zu finden. Man hat sich versucht an „sprachlicher Ausdruck eines Gedankens" oder an „grammatisch strukturierte Mitteilung einer Nachricht" oder an „minimal

intelligible Sprachäußerung". Die Versuche sind sämtlich unbefriedigend, da entweder lückenhaft oder durch Ausnahmen zu widerlegen. Denn oftmals zerfallen Sätze in Teilsätze und Sätze in Phrasen und Satzfragmente, bei denen die Grenze zwischen „noch Satz" und „nicht mehr Satz" nur willkürlich zu ziehen ist. Lässt sich auch leicht ein Konsens darüber erzielen, dass „Der Hausmeister fegt die Straße." ein Satz ist, da er dem gängigen Muster S (Subjekt) + P (Prädikat) + O (Objekt) entspricht, so lässt sich trefflich darüber streiten, ob Äußerungen wie „Guten Abend!", „Eintritt verboten" oder „Taxi!" vollgültige Sätze darstellen oder ob es lediglich Vorstufen von Sätzen oder „amputierte" Sätze sind, die eigentlich vervollständigt werden müssten zu „Ich wünsche allen einen guten Abend" bzw. „Der Einritt ist hier verboten" und „Ich brauche dringend ein Taxi". Vergleichsweise brauchbar ist der folgende Definitionsversuch: „Ein Satz ist eine sprachliche Konstruktion, die eine syntaktische Struktur besitzt und als selbständige Äußerung verstanden werden kann."

Schriftsprache
Von lat. *scriptio* = Schrift. Die Schrift als fixiertes, standardisiertes Kommunikationsmittel ist ungefähr 5000 Jahre alt. In der gelehrten Welt wird darüber gestritten, ob die Sumerer mit ihrer Keilschrift als Erfinder der Schriftsprache gelten dürfen, oder ob es bereits in der vor-pharaonischen Zeit Ägyptens Schreiber gab, die sich einer rudimentären Hieroglyphenschrift bedienten. Obgleich in der Menschheitsgeschichte die Bildkultur um etliches älter ist als die Schriftkultur und Bildzeichen eine größere mythische Macht ausübten als Schriftzeichen, liegt der wahre (revolutionäre) Fortschritt für die Menschheit in der Entwicklung und Anwendung der Schrift. Denn Schreiben ermöglicht Abstrahieren. Das heißt, man kann mittels der Schrift Ereignisse, Erfahrungen, Probleme usw. festhalten und über große Entfernungen und Zeiträume transportieren. Man kann sich von der Unmittelbarkeit der Gefühls- und Gedankenwelt lösen und kritisch-reflektierenden Abstand gewinnen zu dem, was einen bewegt. Man kann Rechenschaft ablegen über innere Vorgänge und sie der äußeren Wirklichkeit anvertrauen, d. h. das Subjektive mittels der Schrift objektiv machen. Man kann versuchen, die schwer verständlichen Dinge der internen und externen Welt schriftlich zu erfassen und kognitiv zu

durchdringen. Man kann sich und andere über Dinge informieren, die in der Vergangenheit stattfanden, aber für das Verständnis der Gegenwart wichtig bleiben. Man kann Pläne, Ideen, Vorstellungen kreativ entwickeln und sie für die Mitmenschen in eine interessante, aufklärende, unterhaltende oder auch warnende Form gießen. Man kann Regeln und Gesetze aufstellen, die erst kraft schriftlicher Fixierung die notwendige Verbindlichkeit erlangen. All diese Möglichkeiten gibt es in der rein mündlichen oder auch strikt bildhaften Kommunikation entweder gar nicht oder nur in eingeschränktem Maße. Somit ist die Schrift ein kulturelles Werkzeug von unschätzbarem Wert, das der Sprache eine stark erweiterte Brauchbarkeit verleiht. Allerdings ist dieses Werkzeug, wie Sprache überhaupt, multivalent. Denn es kann statt für Aufklärung, Bildung, Unterhaltung etc. auch für Verführung, Täuschung, Unterdrückung eingesetzt werden.

Semantik
Von gr. *semainein* = bezeichnen. Das ist die Lehre von der Bedeutung sprachlicher Äußerungen, und zwar sowohl einzelner Wörter (Wortsemantik) als auch längerer Sätze (Satzsemantik) oder ganzer Texte (Textsemantik). Grundsätzlich gilt die Erkenntnis, dass die vorgefundene Realität, unsere sinnlich wahrnehmbare Welt, als solche bedeutungslos ist. Was sie mit Bedeutung füllt, ist die vom menschlichen Bewusstsein in der Evolution der Gattung entwickelte Sprache und deren Konstruktionen. Der *homo sapiens* ist, so gesehen, *ein homo semanticus*, ein nach Bedeutung strebendes und Bedeutung erzeugendes Wesen, das Sprache entwickelt, um seine Umgebung versteh- und deutbar zu machen. Der Mensch findet also Bedeutung nicht vor, er projiziert und konstruiert sie mittels der Sprache (→ Konstruktivismus) und gelangt dabei, geographisch, historisch und kulturell bedingt, zu unterschiedlichen Weltbildern. War man in der Antike noch der verbreiteten Auffassung, jedes Ding in der Natur habe das ihm zukommende Wort, welches dieses Ding bedeutet, so hat man sich davon längst verabschiedet. Dem Grundsachverhalt näher kommt man mit dem sogenannten semiotischen Dreieck, das Bedeutung aus einem Zusammenspiel von Gedanke, Zeichen (Symbol) und Referenten (Bezugsobjekt) ermittelt, in dieser Figur darstellbar:

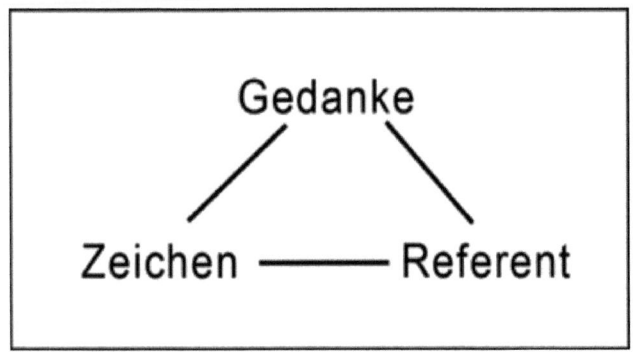

Aber auch diese Dreiecksbeziehung gibt den Sachverhalt nur sehr grob wieder, da sie subjektive Faktoren außer Betracht lässt, die mit Erfahrung, Wahrnehmung und Erinnerung des Menschen zu tun haben und Bedeutungszuweisungen (innerhalb einer bestimmten Bandbreite) variabel halten.

Semantische Determination
Sprachliche Äußerungen jedweder Art, ob Redetexte, Zeitungsberichte, Werbesprüche, poetische Werke o. a. sind semantisch unterschiedlich determiniert. Das heißt, sie legen ihre Bedeutung mal enger, mal lockerer fest je nach → Textsorte und Kommunikationsabsicht. Es ist klar, dass z. B. Gebrauchsanweisungen, Kochbücher oder Fahrpläne hoch determiniert sein müssen, um Brauchbarkeit zu gewährleisten, Eindeutigkeit sicherzustellen und Missverständlichkeit auszuschließen. Eine Information wie „Der ICE 256 von Köln nach Koblenz, fahrplanmäßige Ankunft 14.14 Uhr, Abfahrt 14.16 Uhr, verspätet sich um ca. 10 Minuten und fährt heute aus Gleis 6 statt Gleis 1. Der Wagon der ersten Klasse befindet sich am Anfang des Zuges." ist unter den gegebenen Umständen hoch determiniert. Bahnreisende erfahren alles, was sie über diesen Zug wissen müssen.

Poetische Texte sind oft bewusst schwach determiniert, um das Vorstellungsvermögen des Lesers anzuregen und private Assoziationen zum Klingen zu bringen. Sie haben „Leerstellen", die der Leser füllen muss. Dementsprechend ist eine Gedichtzeile wie „Herr von Ribbeck auf Ribbeck im Havelland, ein Birnbaum in seinem Garten stand" schwach determiniert: Wir erfahren nicht, wer dieser Herr von Ribbeck eigentlich ist, welchen Beruf er ausübt, ob er eine

Familie hat, wo genau im Havelland er seinen Garten hat, ob nur dieser eine Birnbaum oder noch andere Bäume dort stehen usw. Ja, wir rechnen von vornherein gar nicht mit seiner realen Existenz, denn wir wissen, es handelt sich um eine fiktive Situation, die unserem Vorstellungsvermögen viel Freiheit lässt. Der Autor, Theodor Fontane, will einen Mann dieses Namens zwar gekannt haben, aber als Leser erschaffen wir Herrn von Ribbeck zu unseren eigenen imaginativen Bedingungen als eine „hypothetische" Figur. Nicht der Text determiniert sie, sondern die Vorstellungskraft des Lesers. Dies entspricht dichterischer Absicht.

Semantisches Feld
auch Wortfeld genannt, bietet die Möglichkeit, im ausgedehnten Wortschatz einer Sprache eine innere Ordnung zu stiften, indem man verwandte Wörter und Begriffe in Gruppen gliedert. Das Kriterium dafür ist die Identifikation eines Bezugsfeldes, auf dem sich die Wörter durch ihren gemeinsamen Gegenstandsbezug gruppieren lassen. Ein einfaches Beispiel ist das semantische Feld für *Obst*, wo der Oberbegriff dazu dient, alle Obstarten lexikalisch in *einem* Bereich anzusiedeln und die Lexeme Apfel, Birne, Kirsche, Johannisbeere, Banane usw. als semantisch „verwandt" zu kennzeichnen. Das Standardwerk auf diesem Gebiet ist *Der deutsche Wortschatz nach Sachgruppen* von Franz Dornseiff, in dem sinn- und sachverwandte Wörter in nummerierten Gruppen zusammengestellt sind. So finden wir unter Nr. 958 z. B. das Wortfeld für das (relativ abstrakte) Wort *Enthaltsamkeit* mit solchen verwandten Lexemen wie *Abstinenz, Enthaltung, Mäßigung, Nüchternheit, Entziehungskur, Trockenlegung, Prohibition, Nichttrinker, Alkoholgegner, Guttempler* u. a. Für Schriftsteller und Journalisten können solche Listen nützlich sein bei der Bestimmung des semantischen Beziehungsgeflechts der Wörter und bei der Suche nach lexikalischen Alternativen.

Semiotik
Von gr. *semeiotikos* = zum (Be)zeichnen gehörend. Das ist die Wissenschaft oder Lehre von den Zeichen und ihrer Rolle in der menschlichen Kommunikation. Grundsätzlich fungieren alle sprachlichen Elemente als Zeichen, aber die Semiotik stellt diese in den größeren Kontext eines Universums von Zeichen, das über den Rahmen der Sprache als gesprochene oder geschriebene Sprache hinausgeht: Rauchzeichen, magische Zeichen, Hieroglyphen, Symbole,

Verkehrszeichen, Piktogramme, rituelle und ikonische Zeichen, Formeln (in den Wissenschaften), Morsezeichen, Musiknoten, Flaggen- und Lichtsignale, Gestik und Mimik (in Gesprächen) usw. fallen sämtlich in den Zuständigkeitsbereich der Semiotik, sofern sie nachweislich eine Kommunikationsfunktion erfüllen. Der Semiotikbegriff ist demnach dem → Linguistikbegriff übergeordnet, denn er schließt außersprachliche Zeichen ein. Alternativ sprechen einige Sprachwissenschaftler auch von Semiologie statt von Semiotik. Will man sich einen fundierten Eindruck von der immensen Bedeutung verschiedener Zeichen in unserem religiösen, sozialen, intellektuellen und kulturellen Leben machen, eignet sich für den Laien wahrscheinlich kein Werk besser dafür als Umberto Ecos Roman *Der Name der Rose*.

Sentenz
Von lat. *sententia* = Meinung. Ein mit → Aphorismus verwandter Begriff, der einen knapp und treffend formulierten Denkspruch als Erkenntnis oder Urteil zu einem bestimmten Lebensproblem ausdrückt. Wie der Aphorismus ist die Sentenz einprägsam und allgemeinverständlich, aber im Unterschied zum Aphorismus transzendiert die Sentenz das persönlich Bekenntnishafte ihres Autors. Sie ist im Regelfall nicht ironisch, auch nicht sonderlich witzig, sondern didaktisch auf die Allgemeingültigkeit einer ausgesprochenen Weisheit zielend. Eine verbreitete Sentenz ist z. B. der Reimspruch „Quäle nie ein Tier zum Scherz, denn es fühlt wie du den Schmerz". Auch der oft zitierte Ausspruch Albert Einsteins „Wissenschaft ohne Religion ist lahm, Religion ohne Wissenschaft ist blind" ist eine typische Sentenz. In der Scholastik spielten so genannte Sentenzenbücher eine wichtige Rolle, in denen thesenartig Sprüche aus der Bibel oder den Schriften der Kirchenväter gesammelt waren, die den Gläubigen zur Erbauung und Ermahnung dienen sollten. Von Studenten der Theologie wurde erwartet, dass sie sie kannten und gelehrsam kommentieren konnten. Aufgrund ihres didaktisch-moralisierenden Anspruchs sind Sentenzen heute nicht mehr sonderlich populär.

Slang
Engl. Wortursprung unbekannt. Eine Redeweise (seltener: Schreibweise), verwandt mit dem → Jargon, die zur Kennzeichnung sozialer Identität von Sprachbenutzern dient. In deutlicher umgangssprachlicher Abweichung von der

Standarsprache hat Slang eine gruppenbildende und -verstärkende Funktion, wirkt abschottend nach außen und vereinnahmend nach innen. Dadurch werden identifizierbare → soziolinguistische Mikrokosmen bei verschiedenen Gruppen (Schülern, Studenten, Soldaten, Gefängnisinsassen, Fußballern, Ganoven u. a.) erzeugt. Der Gebrauch von Slang ist attraktiv für Menschen, die um ihrer Identität willen Wert darauf legen, sich sprachlich von den einen zu unterscheiden und den anderen zuzuordnen. Dabei geht die Abweichung von der Standardsprache stets in die Richtung einer bewusst saloppen, stark bildhaften, z. T. auch provokativen Ausdrucksweise. Im optimalen Fall ist sie phantasievoll, lebendig und kreativ („Lyrik der einfachen Leute"). Slang-Beispiele aus der Jugendsprache: *Null Bock* (keine Lust), *Glotze* (Fernsehgerät), *raffen* (begreifen). Aus der Soldatensprache: *Matratzenhorchdienst* (Schlafen), *Nahkampfschuppen* (Tanzlokal), *Hawaiigulasch* (Obstsalat). Auf der anderen Seite kann Slang vulgär sein, Tabus brechen und verletzend wirken, besonders wenn er im Zusammenhang mit der menschlichen Sexualität zur „Gossensprache" absinkt. Jüngst hat sich im Internet ein so genannter Cyberslang herausgebildet, den SMS-Sender, Facebook- und Twitter-Fans verwenden, um auf knappe und originelle Weise miteinander zu kommunizieren. Im Cyberslang sind Deutsch und Englisch bunt gemischt, und die Palette reicht von pfiffig bis dümmlich. Beispiele: kA = keine Ahnung; mg = mega grins; AiA = Alles im Arsch; bb = bye bye; b4 = before; kewl = cool.

Im Unterschied zu Redewendungen in der Standardsprache sind Slang-Ausdrücke oft kurzlebig. Werden sie „überstrapaziert", büßen sie ihre ursprüngliche Vitalität ein, sterben aus oder werden semantisch umfunktioniert. „Toll" war ehedem ein → Synonym für „wahnsinnig". Heute ist das Wort gleichbedeutend mit großartig oder bewundernswert, und kaum jemand wird es noch als Slang-Ausdruck auffassen.

Solözismus
siehe Barbarismus und Solözismus

Soziolinguistik
ist der Zweig der heutigen Sprachwissenschaft, der die Abhängigkeit der Sprache, ihre Verwendungs- und Ausdrucksformen, von gesellschaftlichen Einflussfaktoren untersucht. Dabei steht vor allem die Frage nach der

schichten- oder klassenspezifisch bedingten Verteilung und Ausprägung sprachlicher Formen im Vordergrund. *Wer* spricht oder schreibt *wie* als Folge seiner sozialen Herkunft oder ethnischen Zugehörigkeit? Welche Gruppenmerkmale prägen sich aus? Welcher Sprachwandel durch Migrationen von Gruppen findet statt? Welche Kodes werden entwickelt und gepflegt? Naturgemäß erfordert die Behandlung solcher Fragen statistische Datenerhebungen und empirische Analysen. Zum einen bemühen sich Soziolinguisten um eine möglichst verlässliche Diagnose der sozial bedingten Sprachformen, zum anderen erörtern sie die Bedingungen, unter denen gesellschaftlich verursachte Defizite und Probleme beseitigt werden können. Während einige rein beschreibend vorgehen, fragen andere nach einer möglichen Therapie als Konsequenz ihrer Diagnose (Forderung nach anderer Bildungstheorie, Politik, Pädagogik u. dgl.). Das derzeit heftig diskutierte Problem der Rolle von Sprache für die soziale Integration von Einwanderern ist ein typisch soziolinguistisches Problem, allerdings stark verwoben mit gesellschaftspolitischen, kulturellen und religiösen Fragen.

Sprachakademien
sind Einrichtungen in vielen Ländern dieser Erde, die sich der Kultivierung, Entwicklung, Erforschung, Normierung und Verbreitung der in dem jeweiligen Land gesprochenen Sprache widmen. Zum Teil sind es staatliche Einrichtungen, meistens jedoch private Institutionen, die aus Stiftungen oder der Vereinsarbeit bestimmter Interessengruppen hervorgegangen sind. Ihre Mitglieder rekrutieren sich aus renommierten Gelehrten oder Personen des öffentlichen Lebens, die Sprache als hohes Kulturgut wertschätzen und daraus eine Pflicht zu ihrer Bewahrung und Pflege ableiten. Die bekannteste (und wohl wichtigste) Einrichtung dieser Art ist die 1635 von Kardinal Richelieu in Paris gegründete Académie française, die bis heute eine für die französische Sprache wichtige politische und kulturelle Rolle spielt. Sie hat 40 auf Lebenszeit berufene Mitglieder, die im Volksmund als die „Unsterblichen" bezeichnet werden. Bei uns gibt es die 1949 in Frankfurt/M. gegründete Akademie für Deutsche Sprache und Literatur mit Sitz in Darmstadt. Sie hat den Status eines eingetragenen Vereins mit Präsidium und Kuratorium und zählt derzeit 185 Mitglieder. Ihre Ziele sind laut Satzung denjenigen der Académie française

ähnlich, jedoch verfügt sie längst nicht über das Prestige und den sprachpolitischen Einfluss der französischen Einrichtung. Ihre Wirkung übt sie eher indirekt durch die jährliche Vergabe von Förderpreisen aus, u. a. den begehrten Georg-Büchner-Preis für Literatur. Sprachakademien von nationaler Bedeutung gibt es auch in Italien, Spanien, Tschechien, Russland, Ägypten und andernorts. Mit solchen Institutionen nicht zu verwechseln sind „Akademien", die sich zwar so nennen, aber in Wirklichkeit Sprachschulen sind, wie z. B. die Deutschakademie (Wien) oder die Academy of European Languages (Bonn).

Sprachatlas
Das ist, analog zu einem geographischen Atlas, eine Sammlung von Karten, auf denen die regionale Verteilung von Sprachen und Sprachmerkmalen verzeichnet ist. So wie es Grenzen zwischen Ländern und Regionen gibt, so gibt es Grenzen zwischen den → Nationalsprachen und deren internen Varianten, den → Dialekten und Soziolekten, auch wenn diese Grenzen naturgemäß fließender sind als politisch oder geographisch gezogene Grenzen. Der erste deutsche Atlas, der *Sprachatlas von Nord-und Mitteldeutschland*, wurde 1881 von Georg Wenker erarbeitet. Seitdem wurden zahlreiche weitere Werke sowohl für deutsche Regionen (Hessen, Franken, Schlesien usw.) als auch für ausländische Gebiete (Schweiz, Österreich, England, USA etc.) aufgelegt. Die Demarkationslinien zwischen den Sprachen bzw. Sprachvarianten werden Isoglossen genannt. Sie betreffen hauptsächlich die Aussprache (→ Phonetik). Aber auch andere Variablen der Alltagssprache wie das Vokabular und die Grammatik können aufgenommen werden. Sprachatlanten sind besonders für Dialektforscher von großem Wert. Aber ihre Erstellung ist schwierig, da die Operationalisierung (Methodenwahl, Stichprobenbildung, Datenerhebung, Notationssystem und Transkription) sehr aufwändig ist. Der Deutsche Sprachatlas ist als Forschungsstelle der Universität Marburg angegliedert.

Sprachdidaktik
Von gr. *didaktike techne* = Kunst des Lehrens. Das ist die akademische Disziplin, die das Lehren und Lernen von Sprachen erforscht und den beteiligten Subjekten Kenntnisse über die anzuwendenden Verfahren vermittelt. Ihre geschichtlichen Anfänge gehen bis zu den griechischen Sophisten im 5. Jahrhundert v. Chr.

zurück. Während sich der natürliche → Spracherwerb von Kindern (unter normalen sozialen Umständen) relativ ungesteuert vollzieht, bedarf es besonderer pädagogischer Bemühungen und Verfahren, wenn es um das kontrollierte Lernen von Fremdsprachen oder um die systematische Heranbildung oder Verbesserung muttersprachlicher → Kompetenz geht. Die Sprachdidaktik stützt sich auf sprachtheoretische, psychologische und pädagogische Grundlagen, um die Kommunikationsfähigkeit von Individuen zu schulen und sie damit zu sozialer Handlungsfähigkeit zu befähigen. Dabei sollen die Lernenden sich Sprachwissen aneignen (→ Metasprache), korrekten Sprachgebrauch einüben, kreativen Umgang mit dem Medium pflegen, das Ausdrucksvermögen in Wort und Schrift verbessern, ästhetisches Empfinden für stilistische Nuancen entwickeln, um – letztlich – mittels der Sprache ihre Persönlichkeit zu bilden. Allerdings gibt es keine einheitliche Theorie. Die Ansätze wechseln mit den theoretischen Annahmen der Didaktiker über Spracherwerb und Methoden der Sprachschulung. Unter heutigen Bedingungen berührt sich die Sprachdidaktik zunehmend mit der Mediendidaktik, wenn es um die Wirkung und Beurteilung von medial vermittelten Texten und Bildern (Filme, Animationen, Simulationen) geht.

Spracherwerb, Spracherwerbstheorien
Ein Problem, das die Menschheit seit Jahrtausenden beschäftigt, ist die (immer noch umstrittene) Frage, unter welchen Bedingungen und in welcher Weise die Menschen ihre Sprache erwerben. Die Spekulationen und Theorien reichen von der Annahme einer allen gemeinsamen „Ursprache" (BabylonTheorie) über Sprache als Geschenk der Götter bis zu diversen Imitationstheorien (Nachahmung von Naturlauten: „Wauwau-Theorie") und darüber hinaus zu hochkomplexen Theorien von heutigen Anthropologen und Neurologen. Zwei der einflussreichsten Theorien sind der so genannte Behaviorismus, entwickelt von dem Psychologen B. F. Skinner, und der Nativismus, vertreten von dem Sprachwissenschaftler Noam Chomsky. Skinner war der Auffassung, Sprache würde imitativ in einem langen Entwicklungsprozess mit dauernden Bestätigungen oder Korrekturen seitens der Umwelt (Eltern) gelernt. Was richtig ist, wird bestätigt und dadurch „verstärkt". Was falsch ist, wird korrigiert und unterbunden. Chomsky meint, die Sprachbefähigung sei in einer Art „Universalgrammatik" genetisch angelegt und werde vom Kind in einem permanenten

Austausch von Innen und Außen „getestet" und allmählich ausdifferenziert. Vereinfacht formuliert: Bei Skinner geschehen die wesentlichen Prozesse außen und sind verhaltensgesteuert, bei Chomsky passieren sie innen und sind im Wesentlichen angeboren. Für Chomskys Theorie spricht, dass Kinder in kurzer Zeit imstande sind, eigene, grammatisch korrekte Sätze zu bilden, die sie nie zuvor von einem Erwachsenen gehört haben. Das ist (nach Chomsky) nur möglich, wenn sie auf eine genetisch angelegte „generative Grammatik" zurückgreifen können. Wann und wie Urzeitmenschen das Sprechen lernten, ist unter Sprachhistorikern und Anthropologen umstritten. Einige tippen auf das Erscheinen des Cro-Magnon-Menschen vor ca. vierzigtausend Jahren, der dem Neandertaler intellektuell und kulturell überlegen und anatomisch anders gebaut war. Zweifelsfrei belegen lässt sich das nicht.

Manche Sprachwissenschaftler unterscheiden zwischen Spracherwerb und Sprachlernen, um die primären, eher natürlichen von den sekundären, eher künstlichen Rahmenbedingungen der Prozesse zu unterscheiden.

Sprachfamilien
In der Wissenschaft ist seit langem bekannt, dass es Sprachen gibt, die untereinander „verwandt" sind. Eine Eigenständigkeit besteht meist nur scheinbar und ist sprachgeschichtlich nicht begründbar. Wer seine Sprache für eigenständig, gar einzigartig hält, ignoriert die vielfältigen strukturellen Beziehungen, die Sprachen miteinander verbinden. Das augenfälligste und am besten erforschte Beispiel ist Latein als „Elternsprache" mit den diversen romanischen Sprachen als „Tochtersprachen". Aber es gibt größere Gruppen von Sprachen, die im Verwandtschaftsverhältnis zueinander stehen. Zu Beginn des 19. Jahrhunderts hat man Beweise dafür gefunden, dass es einst eine Sprache gegeben haben muss, von der zahlreiche Sprachen Eurasiens abstammen. Man nannte sie die „indoeuropäische Sprache". Sie ist die Protosprache für so verschiedene Idiome wie Sanskrit, Griechisch, Latein und deren Abkömmlinge, häufig als Stamm eines Baumes dargestellt, dessen Äste sich im Wachstum verzweigen. Um Art und Grad der Verwandtschaft zu bestimmen, bedienen sich die Wissenschaftler komparativer Methoden. Sie vergleichen Wörter oder Strukturen. Dabei gehen sie entweder genetisch (bzw. genealogisch) oder typologisch vor. Im ersten Fall arbeiten sie mit „internen Rekonstruktionen"

(z. B. eines ursprünglich gemeinsamen Wortschatzes). Im zweiten Fall untersuchen sie formale Ähnlichkeiten in Phonologie, Syntax und Morphologie, die geschichtlich auf gemeinsame Wurzeln schließen lassen.

Sprachkontakte

Seit den Anfängen der Verbreitung von Sprachen hat es mannigfache Kontakte zwischen ihnen gegeben. Sie kamen immer dann zustande, wenn Mitglieder einer Sprachgemeinschaft als Folge von Besuchen, Migrationen, Eroberungen, Kulturaustausch oder Handelsbeziehungen auf die Mitglieder anderer Gemeinschaften trafen und sich mit ihnen verständigen wollten/mussten. Je nach Intensität und Dauer der Kontakte kam es zu mehr oder minder nachhaltigen Veränderungen in den jeweiligen Systemen, die sämtliche Subsysteme (Syntax, Vokabular und Phonologie) beeinflussen konnten. Die Übernahmen konnten freiwillig geschehen als Resultat von Kooperation und Aufnahmebereitschaft (wie im Fall griechischer Einflüsse auf die lateinische Sprache), sie konnten aber auch diktiert und „aufgepropft" werden wie im Fall der Kampagnen spanischer Konquistadoren in den Amerikas. Am anschaulichsten lassen sich die Ergebnisse von Sprachkontakten an den Phänomenen von → Pidgin und Kreol studieren. Dabei müssen die konkreten Erscheinungen nicht nur sprachimmanent (auf Lautverschiebungen, Bedeutungswandel, Neologismen u. dgl.) untersucht, sondern – bei sinnvoller Betrachtung – auch zur politischen Machtkonstellation und dem kulturellen Prestige der beteiligten Gemeinschaften in Beziehung gesetzt werden. Spanisch und Portugiesisch konnten sich in Mittel- und Südamerika nicht deshalb durchsetzen, weil es sich um „attraktive" Sprachen handelt, sondern weil sie durch hegemoniale Politik verbreitet wurden.

Sprachkritik

Von gr. *kritike (techne)* = Kunst der Beurteilung. Seitdem Sprache als Medium der Verständigung in das Bewusstsein des Menschen getreten ist und dieser begonnen hat, darüber zu reflektieren, gibt es Sprachkritik. Die meisten Sprachphilosophen in der abendländischen Geschichte (Plato, Aristoteles, Schelling, Grimm, Coleridge, Nietzsche, Cassirer, Wittgenstein u. a.) waren zugleich auch Sprachkritiker, weniger als Sprachreformer oder Eiferer, sondern eher als Beobachter und Analytiker des Phänomens Sprache. „Alle Sprachkritik ist Philosophie", äußerte Ludwig Wittgenstein. Heute dagegen sind Sprachkritiker meist Intellektuelle, die Position beziehen gegen Entwicklungen und Tendenzen, die sie als bedenklich oder gar verwerflich ansehen. Dabei gewinnen sie ihre Kriterien teils systemimmanent (z. B. aus einer normativen Grammatik), teils -transzendent (z. B. aus der Ästhetik oder der Kommunikationsforschung). Das Spektrum ist breit, da es epochalen Veränderungen des Geschmacks und der Interessen unterliegt. Doch grundsätzlich lässt sich sagen, dass zeitgenössische Sprachkritiker Menschen sind, die zu wissen beanspruchen, wie Sprache *sein sollte*, und gleichzeitig davon überzeugt sind, dass sie *nicht so ist*, wie sie sein sollte. Aus dieser Diskrepanz zwischen Sollen und Sein gewinnen sie ihre sprachkritischen Einsichten und Argumente. Dabei belassen sie es entweder beim (satirischen) Anprangern von „Missständen" (Beispiel: Bastian Sick) oder sie arbeiten an sprachpädagogischen Schulungs- und Reformmaßnahmen (Beispiel: Wolf Schneider). In einer pluralistischen Gesellschaft mit multifunktionaler Sprachverwendung ist es schwierig, einen Konsens herbeizuführen über die Kriterien zur Beurteilung eines optimalen Sprachzustands. Natürlicher → Sprachwandel einerseits und weltanschaulicher Pluralismus andererseits stehen einem solchen Konsens entgegen. Zudem bietet eine Sprachwissenschaft, die sich heute überwiegend als deskriptiv (beschreibend) versteht, hier keine Hilfe. So beschränkt sich die aktuelle Sprachkritik denn meist auf Ad-hoc-Kritik im Deutschunterricht, im Feuilleton oder in Sachbüchern. Hier dient sie als (wenig wirksamer) „Reparaturbetrieb" für Mängel im täglichen Sprachgebrauch.

Sprachkultur
Von lat. *cultura* = urprüngl. der Ackerbau, im weiteren Sinne das bebaute Land im Unterschied zur wilden Natur. Davon abgeleitet bezeichnet Sprachkultur heute das Gesamtfeld an gesellschaftlichen Aktivitäten, die sich der Pflege einer Sprache widmen, der gesprochenen wie der geschriebenen. Wenngleich unter Fachleuten wie auch in der weiteren Öffentlichkeit der Eindruck verbreitet ist, dass Sprachen sich von selbst entwickeln und keiner besonderen „Wartung" bedürfen, lässt sich sprachgeschichtlich zeigen, dass es stets Bemühungen von Individuen oder Gruppen gegeben hat, denen

es um die Bewahrung, Verschönerung und Normierung der Sprache zu tun war. Während der amerikanische Linguist Robert Hall 1956 das vielzitierte Buch *Leave Your Language Alone* veröffentlichte, legte der deutsche Sprachwissenschaftler Harald Weinrich unlängst das Bekenntnis ab: „Sprache ohne Sprachkultur ist für mich etwas Monströses." Die kulturellen Aktivitäten im Dienst einer Bewahrung und Entwicklung der Sprache sind vielgestaltig: Sie reichen von den Aktivitäten der Sprach- und Literaturakademien, über die Ehrung von sprachschöpferischen Personen, die Verleihung von Preisen, die Publikation von belletristischen und wissenschaftlichen Werken, die Arbeit von Sprachpädagogen bis zu einschlägigen Artikeln in der Tagespresse. Dabei ist der Grat zwischen Sprachpflege und -kritik schmal und der Übergang von Normen- zu Geschmacksfragen unscharf, was nicht selten zu Streit und → Polemik führt. Dessen ungeachtet gilt: Die Sprachkultur ist ein allgemeines öffentliches Anliegen, denn es geht um

- eine möglichst störungsfreie Kommunikation zwischen den Mitgliedern einer Sprachgemeinschaft;
- die Herstellung und Festigung kultureller Identität des Menschen, soweit diese von der Sprache geprägt wird;
- einen kompetenten und kreativen Umgang mit der Sprache, der das Leben schöner und sein Erfahrungspotenzial reicher macht.

Sprachlabor
Ein Sprachlabor ist eine Einrichtung an Schulen, Hoch- oder Sprachschulen, die fremdsprachliche Lernprozesse unter besonderen, kontrollierten Bedingungen vermitteln. Es handelt sich dabei um einen größeren, in Kabinenplätze unterteilten Raum oder Saal, wo Sprachlernende sich Aufnahmen mit authentischem Sprachmaterial von Muttersprachlern anhören. Nach der lernpsychologischen Grundidee soll diese Art einer akustischen Vermittlung fremder Laute und Intonationsmuster eine allmähliche Verinnerlichung dieser Muster beim Lernenden bewirken (→ Immersion). Gleichzeitig werden syntaktische Strukturen dadurch eingeübt, dass über programmierte Dialogverfahren (Fragen und Antworten) ermittelt wird, ob bestimmte Satzbaumuster gelernt wurden oder ob Fehler (z. B. als Folge von → Interferenz) aufgetreten sind. In diesem Fall erfolgt eine

Fehlermeldung entweder durch das Programm oder durch korrigierenden Eingriff des Lehrers/Laborleiters per Kopfhörer. Sprachlabors kamen in den 1960er Jahren in Mode, als sie mit großem Optimismus seitens der Fremdsprachendidaktik eingeführt wurden. Inzwischen ist die anfängliche Euphorie abgeklungen, da man erkannt hat, dass Sprachenlernen unter den nur eingeschränkt realistischen Bedingungen von Sprachendrill nicht die optimalen Resultate zeitigt, die man sich versprochen hatte. Denn vom imitativen zum kreativen Sprachgebrauch ist es ein großer Schritt. Eine begrenzte Brauchbarkeit kommt den Labors jedoch für den Anfangsunterricht in der → Phonetik nach wie vor zu.

Sprachpolitik
ist der Bereich gesellschafts- und kulturpolitischer Aktivitäten, wo die mit Sprache befassten Interessengruppen, nicht nur Politiker(!), Einfluss zu nehmen versuchen auf die Entwicklung und Reform der Nationalsprache. Der Probleme gibt es viele: die Rolle sprachlicher → Varietäten, die Förderung von Fremdsprachenunterricht, die Stellung von Minderheitensprachen, der von den Medien ausgeübte Einfluss auf den Sprachgebrauch, die Begründung von Rechtschreibreformen, die Vermeidung sexistischer und rassistischer Sprache, die Verbreitung von Deutsch im Ausland, die Durchsetzung von Normen der Sprach- und Textverständlichkeit, die Verbesserung des Kompetenzniveaus an Schulen und Hochschulen, der Kampf gegen das Analphabetentum – all dies sind sprachpolitische Probleme (oder solche mit politischen Implikationen).

Von einer halbwegs einheitlichen Sprachpolitik, die diesen Namen verdient, kann in unserem Land allerdings keine Rede sein. Der weltanschauliche Pluralismus im demokratischen System und das bürokratische Gerangel um Zuständigkeiten haben zur Folge, dass der Objektbereich Sprache ebenso kontrovers diskutiert wird wie andere Bereiche des gesellschaftlichen Lebens. Pädagogen, Kultusbeamte, Journalisten, Schriftsteller, Sprachwissenschaftler und Parteipolitiker liegen im Clinch bei der kleinsten Kontroverse über die Stellung und Bedeutung unserer Muttersprache. Die alarmierenden Ergebnisse der ersten PISA-Studie haben viele Verantwortliche aufgeschreckt, einige Verbesserungen bewirkt, aber keine nationale Sprachpolitik begründet. Die dokumentierte Geringschätzung von Deutsch auf europäischer Ebene hat einige Politiker zu Protesten motiviert, aber keine nachhaltige Veränderung bewirkt. Die jüngst durchgeführte Rechtschreibreform – ein Politikum ersten Ranges – hat mehr Zorn und Spott als Zustimmung ausgelöst. Es existieren Sprachvereine (wie der Verein Deutsche Sprache oder die Gesellschaft für deutsche Sprache). Auch gibt es akademische Institutionen (wie das Institut für deutsche Sprache in Mannheim); aber weder gibt es politisch tätige Sprachparteien noch gibt es für die Nationalsprache zuständige Ministerien. Der derzeit geführte Streit um die Frage „Deutsch ins Grundgesetz" sowie die Diskussion über Sarrazins Buch *Deutschland schafft sich ab* spiegeln die verbreitete Nervosität und Ratlosigkeit in Sachen Sprache und Sprachpolitik.

Sprachstörungen
Gehirnschäden oder Entwicklungsprobleme können nachhaltige Störungen der Sprach-, Lese- und Schreibfähigkeit des Menschen zur Folge haben. Die am häufigsten auftretende Störung ist die Aphasie. So bezeichnen Neurologen den Verlust der Sprache, der eintritt, wenn Verletzungen, Krankheiten oder Fehlentwicklungen den Menschen seiner Sprachfähigkeit berauben. Für die Betroffenen ist der Sprachverlust, auch wenn er nur teilweise eintritt, eine schwere Beeinträchtigung der Lebensqualität und eine starke Minderung ihres Menschseins. Zwar gelingt es in manchen Fällen, durch therapeutische Maßnahmen das Sprachvermögen Schritt um Schritt wieder aufzubauen, da Gehirnzellen die Fähigkeit besitzen, sich zu regenerieren und Funktionen zu verlagern. Aber der Vorgang ist langwierig und im Fall von „globaler Aphasie" wirkungslos.

Neben der Aphasie gibt es eine Reihe weiterer Störungen, die je nach zerebraler Dysfunktion unterschiedliche Sprachfunktionen beeinträchtigen. Weit verbreitet ist die Legasthenie, die relativ häufig bei Kindern im Vorschul- oder Schulalter auftritt. Legastheniker besitzen normale Intelligenz und Lernfähigkeit, sprechen auch normal, haben jedoch beim Lesen und Schreiben Schwierigkeiten. Die Diskrepanz zwischen den allgemeinen intellektuellen bzw. sprachlichen Fähigkeiten und dem gestörten Umgang mit geschriebener Sprache konnte trotz intensiver neuropsychologischer Forschung bislang nicht befriedigend erklärt werden. Bezieht sich die Störung nur auf die Rechtschreibung, die richtige Verkettung der Buchstaben, sprechen Fachleute von Dysgraphie. Bezieht sie sich allein auf die Lesefähigkeit, das Erkennen von Wörtern, ist von Dyslexie oder auch erworbener Dyslexie die Rede. Als „erworben" gilt diese Störung dann, wenn sie im Sprachlernprozess nicht sofort auftritt, sondern als Folge späterer Probleme beim Spracherwerb oder der allgemeinen Entwicklung.

Sprach- und Wortspiele
Die Vielfalt und der Variantenreichtum der Sprachen haben seit eh und je die Menschen dazu gereizt, mit Sprachen und Worten zu „spielen", d. h. neben der praktisch-kommunikativen eine ästhetische Funktion zu entdecken, die dem intellektuellen Vergnügen und der Unterhaltung dient. Sprach- und Wortspiele entspringen der Lust am Neuen, Unerwarteten, Überraschenden, Schöpferischen, Skurrilen oder auch Absurden. Sie sind ein Modus verbaler Kreativität, wo der Geist sich darin gefällt, das Sprachmaterial zu manipulieren, ihm eine selbstgestiftete „Ordnung" aufzuprägen und darin ungewohnte Perspektiven aufzuzeigen. Vielen Menschen macht es offenbar Spaß, Wörter und Sätze auseinander zu nehmen und sie anders wieder zusammenzubauen, sie in raffinierten Mustern anzuordnen, in ihnen versteckte Bedeutungen zutage zu fördern und ihre Mitmenschen damit zu verblüffen. Sie konstruieren Zungenbrecher, Wortquadrate, Palindrome, Anagramme u. a. Oder sie verrätseln die Sprachwelt mit Nonsens-Fragen wie: „Was ist das? Macht neunhundertneunundneunzigmal klipp und einmal klapp", mit der skurrilen Antwort: „Ein Tausendfüßler mit Holzbein." Das Spektrum spielerischer Möglichkeiten ist breit: Es reicht von Kreuzwort-, Silben- und Bilderrätseln über dumme, anzügliche oder auch geistreiche Witze, poetisch experimentelle Verse, humoristische Alphabete, Verballhornung populärer Spruchweisheiten bis zu satirischen Angriffen auf sprachliche Idiosynkrasien. Das kreative Moment von Wortspielen kommt besonders schön in folgendem Gedicht von Heinz Erhardt zum Ausdruck: „Ich geh im Urwald für mich hin.../Wie schön, dass ich im Urwald bin:/Man kann hier noch so lange wandern,/ein Urbaum steht neben dem anderen./Und an den Bäumen Blatt für Blatt/hängt Urlaub./Schön, dass man ihn hat." Dies ist ein Spiel mit morphologischen Analogien (*Ur*wald, *Ur*baum, *Ur*laub), die lexikalisch in dieser „Logik" nicht existieren und deshalb in ihrer unerwarteten Schöpfung vergnüglich wirken.

Sprachverfall
Alle Sprachen der Welt erfüllen grundsätzlich die Funktionen, welche die Mitglieder der jeweiligen Sprachgemeinschaft ihnen abverlangen, und alle sind flexibel und anpassungsfähig gegenüber geschichtlichem Wandel und gesellschaftlichen Neuerungen. Gleichwohl gibt es Phasen des relativen Sprachverfalls. Unter dem Aspekt ihrer strukturellen Vielfalt und kommunikativen Leistung können Sprachen Einbußen erleiden und Niveauverlust zeitigen. Wenn politische, soziale oder kulturelle Einflussfaktoren das kollektive Sprachbewusstsein schwächen, sprachpädagogische Bemühungen versagen oder kulturelle Tendenzen Nachlässigkeit beim Sprachgebrauch fördern, entstehen Defizite. Fehlerhäufung, Ausdrucksarmut, Primitivisierung, ungrammatische Schreib- und Redeweisen u. dgl. sind die Folge. Auch wenn → Slang, → Idiolekte und → Ethnolekte überhand nehmen, können „Zentrifugalkräfte" die Leistungsfähigkeit des Systems beeinträchtigen. Freilich ist es nie die Sprache als solche, die defizitär wird, sondern es sind bestimmte Individuen oder Gruppen, die es an → Sprachkultur mangeln lassen.

Wenn bestimmte Vokabeln in der Geschichte einer Sprache „absinken" und ungebräuchlich werden, so ist dies kein Symptom von Sprachverfall, sondern die Auswirkung eines natürlichen→ Sprachwandels, in dessen Verlauf solche Vokabeln archaisch oder obsolet werden können. Sind sie entbehrlich, weil die von ihnen bezeichneten Sachverhalte nicht mehr existieren, verschwinden sie. Entsprechen sie nicht mehr dem aktuellen Bedarf oder dem kollektiven Geschmack, werden sie durch Neuschöpfungen ersetzt.

Sprachliche Dekadenz geht nie bis zur totalen Sprachauflösung. Wenn eine Sprache „stirbt", so nur deshalb, weil die dazugehörige Sprachgemeinschaft ausgestorben ist, nicht weil das Kommunikationssystem sein Leben eingebüßt hätte. Das klassische Latein eines Cicero ist zwar „tot", aber, zu „Küchenlatein" degeneriert, hat es lange Zeit überlebt, und als Kirchenlatein sowie als Schullatein behauptet es heute noch sprachliche Nischen. Bei uns sind es, wie die PISA-Studien gezeigt haben, mangelnde Bildung, aber auch Schludrigkeit und Desinteresse in der jungen Generation, die (relativen) Sprachverfall anzeigen. Die elektronischen Medien tun ein Übriges, um Sprache in Sprachfetzen, Zusammenhängendes in Bruchstückhaftes zu verwandeln. Bildungspolitiker und Pädagogen haben das inzwischen erkannt und versuchen gegenzusteuern. Das Problem solcher Bemühungen besteht aber darin, dass es schwierig ist, den optimalen Zustand einer Sprache als System festzulegen zu wollen, wie es auch problematisch ist, das Niveau bestimmen zu wollen, auf dem eine Sprache allgemein als „verfallen" gelten kann. Diagnosen lassen sich nur ad hoc unter bestimmten funktionalen Aspekten vornehmen.

Sprachwandel
Dass Sprachen dauernden Wandlungsprozessen unterworfen sind, ist eine Binsenweisheit, die jedem Sprachbenutzer bekannt, wenn auch nicht ständig bewusst ist. Die Prozesse spielen sich auf allen Ebenen des Sprachsystems ab – in der Rechtschreibung, der Lautung, der Satz- und Wortbildung sowie in der Wortbedeutung. Als Einfluss nehmend gelten unter Sprachwissenschaftlern Faktoren wie Ökonomisierung (Vereinfachung von Strukturen), Innovationen (Prägung neuer Wörter und Begriffe → Neologismen) und Spezifikation (sachliche Ausweitung und Präzisierung). Einige Fachleute, die diese Begriffe als unzureichend empfinden, arbeiten stattdessen mit dem Konzept einer „unsichtbaren Hand", einer Dynamik, deren innersprachliche Vorgänge sich nicht genau beschreiben lassen.

Bis zur Normierung durch Konrad Duden (1880) war die Rechtschreibung regional verschieden und weitgehend der Willkür der einzelnen Autoren überlassen: *teutsch* stand neben *deutsch*, *Thür* neben *Tür*, *Kampff* neben *Kampf*, *Grund Satz* neben *Grundsatz* usw. Am weitreichendsten ist der Bedeutungswandel, der sowohl den semantischen Umfang als auch den Inhalt von Wörtern (→ Lexeme) betreffen kann. Es gibt Fälle von Bedeutungserweiterung (z. B. wenn das mittelhochdeutsche *frouwe*, das ursprünglich auf adelige Damen beschränkt war, im Neuhochdeutschen jede *Frau* bezeichnet). Umgekehrt kann es zur Bedeutungsverengung kommen (so z. B. wenn der Ausdruck *hochzit*, der ursprünglich einen hohen kirchlichen Feiertag bezeichnete, vom 16. Jahrhundert an auf die Bedeutung *Eheschließung* eingeengt wurde.) Auch Bedeutungsverschiebungen treten auf (so wenn das mittelniederdeutsche *vracht*, das sich auf die Beförderungsgebühr von Schiffsladungen bezog, seine Bedeutung in Richtung auf *Fracht*, also das beförderte Gut selbst, verschob. Wortbedeutungen können aufgewertet werden: So bezeichnete das Wort *Marschall* im

Mittelhochdeutschen einen Pferdeknecht. Durch Einführung fürstlicher Hofämter im 17. Jahrhundert wurde daraus ein Stallmeister. Umgekehrt können sie auch abgewertet werden. So erhielt das mittelhochdeutsche Wort *wîp*, das sich auf jede erwachsene weibliche Person bezog, eine negativ konnotierte Bedeutung als *Weib* (→ Konnotation).

Sprachzentren (im Gehirn)
Im Kopf des Menschen sind zwei Sprachzentren angelegt, die sich beide (ca. 4 cm voneinander entfernt) in der linken Hirnhemisphäre befinden: das Broca-Areal und das Wernicke-Areal, so benannt nach ihren Entdeckern Paul Pierre Broca und Carl Wernicke. Sprachproduktion und -verarbeitung finden weitgehend in der linken Hirnhälfte statt, obwohl die beiden Hälften trotz unterschiedlicher Zuständigkeiten in mannigfacher Weise kooperieren und integrative Fähigkeiten besitzen. Doch was genau im Broca-Areal und was im Wernicke-Areal vor sich geht, ist eine unter Hirnforschern immer noch umstrittene Frage. Man konnte lediglich beobachten, dass eine Verletzung des Broca-Zentrums zu eingeschränkter Sprechfähigkeit bei relativ ungestörtem Sprachverständnis führt, während eine Schädigung des Wernicke-Zentrums umgekehrt relativ intakte Sprechfähigkeit bei vermindertem Sprachverständnis zur Folge hat. Eine genaue Funktionsabgrenzung der beiden Areale ist auch deshalb schwierig, weil stets zahlreiche andere Aktivitäten des Gehirns, die mit der Steuerung von Mimik, Motorik, Gehör und Gedächtnis zusammenhängen, beteiligt sind und gleichzeitig ablaufen.

Sprechakte, Sprechakttheorie
Die Kommunikationsformen mittels der Sprache sind multifunktional. Denn geht man über den einfachen Befund hinaus, dass Sprache Verständigung ermöglicht, stellt sich die Frage, in welcher Form, zu welchem Zweck und mit welchem Ergebnis diese stattfindet. Die Antwort fällt mannigfach aus. Der Philosoph J. L. Austin untersuchte und beschrieb die diversen Funktionen zwischenmenschlicher → Kommunikation und wies darauf hin, dass viele nicht nur Information transportieren, sondern Handlungen vollziehen (→ Pragmalinguistik). Es sind versprachlichte Handlungen, die realitätsstiftend wirken. Wenn ein Pfarrer z. B. bei einer Kindtaufe verkündet: „Ich taufe

dich auf den Namen...", so ist die Namengebung (als Sprechakt) mit dem Taufakt (als Handlung) so verquickt, dass beide *einer* Funktion dienen, eine Trennung also unangemessen wäre. Austins Sprechakttheorie unterscheidet zwischen *lokutionären, illokutionären* und *perlokutionären* Akten. Lokutionär ist jedwede sprachliche Äußerung, die real (ohne besondere Funktionszuweisung) stattfindet. Illokutionär ist eine Äußerung, bei der Sprechen und Handeln zusammenfallen (wie bei dem o. g. Taufakt). Und perlokutionär ist eine wirkungsbezogene Äußerung, beispielsweise eine solche, die eine Warnung ausspricht oder Aufmerksamkeit erregen will. Gesellschaftlich am häufigsten kommen die illokutionären Akte vor. Deshalb hat der Sprachwissenschaftler J. R. Searle eine Binnendifferenzierung der illokutionären Akte mit fünf Funktionen vorgeschlagen: *repräsentativ* (der Sprecher vertritt eine bestimmte Meinung oder Proposition*), direktiv* (der Sprecher veranlasst etwas), *kommissiv* (er legt sich auf etwas fest), *expressiv* (er drückt seine persönliche Haltung aus) und *deklarativ* (er erklärt einen Zustand als so oder so seiend).

Standard-, Verkehrs- und Amtssprache
Als Standardsprache wird die von einer größeren Sprachgemeinschaft oder Nation benutzte Sprache bezeichnet, die bestimmten → Normen und Konventionen folgt und von der überwiegenden Mehrheit der Gemeinschaft benutzt wird. Genau genommen, stellt der Begriff eine Abstraktion dar, da trotz etablierter Standards die Normierung der Sprache nie vollständig sein kann. Es handelt sich immer nur um eine Annäherung, die Abweichungen von der Norm zulässt. Auch das so genannte Hochdeutsch, das an Bildungseinrichtungen gelehrt und dessen Beherrschung an Institutionen wie Hochschulen, Theater, Rundfunk- und Fernsehanstalten vorausgesetzt wird, ist nicht vollkommen standardisiert. Minimale grammatische, lexikalische, vor allem phonetische Abweichungen sind unvermeidbar. Zudem arbeitet natürlicher → Sprachwandel ständig gegen starre Festlegungen. Mit Standardsprache kann immer nur eine kollektive → Performanz gemeint sein, die sich durch Abwesenheit von Fehlern und dialektalen, regionalen und idiosynkratischen Auffälligkeiten auszeichnet. Dies entspricht dem öffentlichen Interesse an möglichst störungsfreier → Kommunikation. Allerdings wird der Standard der Hochsprache bei dialektalen Idiomen von vornherein nicht erwartet, und

bei unorthodoxer (komischer oder satirischer) Sprachverwendung kann sie um bestimmter Effekte willen absichtlich „geopfert" werden.
Anstelle von „Standardsprache" wird zuweilen auch der Begriff „Verkehrssprache" benutzt. Der Unterschied ist geringfügig, doch der zweite Begriff berücksichtigt stärker das Anliegen der Öffentlichkeit und das Interesse an einer möglichst reibungslosen Abwicklung sozialer Vorgänge. Als „Amtssprache" gilt demgegenüber diejenige Sprache, welche von politischen Institutionen und Behörden auf die Verwendung bestimmter Gepflogenheiten im Verkehr untereinander und mit dem Publikum festgelegt wurde. Aus der Sicht von Kritikern ist die typische Amtssprache das Produkt von Verwaltungsbeamten und Bürokraten, die in der Öffentlichkeit gern als „Fachidioten" verspottet werden. Ihre Sprache entsteht durch eine Art „ institutioneller Inzucht"; denn sie bildet sich in der begrenzten Sphäre fachlicher Zuständigkeiten und hat wenig „gesunden" Austausch mit der Außenwelt. Kompliziertes Fachvokabular und umständlicher Nominalstil herrschen vor und beeinträchtigen die Allgemeinverständlichkeit. Inzwischen sind allerdings Bestrebungen bei Regierunen, Ämtern, Konzernen, Banken etc. beobachtbar, die Sprachberater (Philologen) einschalten, um Amtssprachen verständlicher zu machen → Textverständlichkeit. Sprachforscher haben nachgewiesen, dass umständliche Amtssprache sich fast immer in klares Deutsch übertragen lässt. (In der Bürokratie der Europäischen Union gelten die Nationalsprachen Englisch, Französisch und Deutsch auch als „Amtssprachen").

Statarische vs. kursorische Lektüre
Von lat. *statarius* = im Stehen geschehend; *cursus* = der Lauf. Dies sind zwei unterschiedliche Verfahren beim Lesen. Bei der statarischen Lektüre wird ein Text langsam und sorgfältig gelesen (dekodiert) – gewissermaßen Schritt um Schritt, Satz für Satz, Wort für Wort. Dabei kann der Prozess unterbrochen oder wiederholt werden, um Unklarheiten zu beseitigen, außertextliche Informationen einzuholen, Textmerkmale zu studieren, Reflexionen anzustellen oder Debatten auszulösen. Hingegen wird beim kursorischen Lektüremodus der Text fortlaufend und ohne Unterbrechung gelesen. Der Leser will sich möglichst rasch einen Gesamteindruck verschaffen und die Relevanz für seine Interessen und seinen intellektuellen Horizont beurteilen. Ggf. entscheidet er dann, ob er

sich später näher mit dem Text beschäftigen und statarisch lesen will. Rezensenten, Textwissenschaftler, Lektoren und Philologen lesen (in Ausübung ihres Berufs) statarisch, während „normale" Leser tendenziell kursorisch lesen.

Stil
Von lat. *stilus* = Schreibgriffel. Obwohl der Stilbegriff recht gängig in der deutschen Sprache ist („schlechter Stil", „das hat Stil", „stilloses Benehmen" usw.) ist es nicht leicht, den Begriff präzise zu definieren, da er sich stark mit dem Geschmacksbegriff überschneidet und leicht diffus werden kann. Gewöhnlich meinen wir damit einen Ausdrucks- und Gestaltungswillen, der sich in der individuellen „Handschrift" eines Autors ausdrückt (Vorlieben für besondere Bilder, syntaktische Fügungen, rhetorische Figuren, Wiederholungen, Betonungen). Aber auch gewöhnliche Sterbliche als Nicht-Künstler können ihren Stil pflegen, ohne dass sie das anstreben und ohne dass es ihnen bewusst wäre. Der Stil ist dann der unbewusste Modus der für sie charakteristischen Ausdrucksweise (z. B. beim Briefeschreiben). Zudem reicht der Stilbegriff weit über den sprachlichen Bereich hinaus und erstreckt sich auf die Bildende Kunst, die Mode, die Architektur, die Musik, die Technik u. a. Doch allenthalben gilt, dass im Objektbereich etwas wiederkehrt, das als durchgängiger Gestaltungswille der Schöpfer erkannt und beschrieben werden kann. Dabei treten beträchtliche historische, ästhetische und kulturelle Unterschiede auf. Manche Stilmerkmale sind kurzlebig und scheinbar zufällig (z. B. die Minirock-Mode), andere sind langlebig und kennzeichnen längere Phasen kollektiver Vorlieben (z. B. Barock als Epochenstil). Warum bestimmte Gruppen oder Individuen einen bestimmten Stil hervorbringen und kultivieren, lässt sich kausal kaum bestimmen. Auch ist es unmöglich, da hier beträchtliche Freiheit waltet, über bestimmte Stilmerkmale allgemein gültige Werturteile abzugeben. Dass Spiegel-Redakteure anders schreiben als Rechtsanwälte und diese wiederum anders als Dichter, ist leicht einsehbar, aber unter den Aspekten *besser* oder *schlechter* nicht begründbar. Gelegentlich lassen sich so genannte Stilbrüche beobachten, die auftreten, wenn ein Autor vom gewählten Darstellungsmodus abweicht und eine andere „Gangart" einschlägt. Meist wird ihm das als Mangel angekreidet. Unter Umständen kann es aber auch zur Erzielung komischer oder ironischer Effekte gewollt sein.

Stilblüten

Korrektes Sprechen und Schreiben erfordern mentale Disziplin, einen verinnerlichten Ordnungssinn, der sich wesentlich auf die Grammatik stützt. Werden hier „Ordnungswidrigkeiten" begangen, entstehen Fehler oder – in manchen Fällen – das, was man „Stilblüten" nennt. Sie zeichnen sich dadurch aus, dass die Regelverletzungen von kompetenten Sprechern als amüsant empfunden werden. Ihnen eignet etwas unfreiwillig Komisches oder Absurdes, das den *faux pas* als unterhaltsam erscheinen lässt. Der Sprecher oder Autor hat sich so „vergaloppiert", dass ein skurriler oder grotesker Effekt entsteht, der auf andere belustigend wirkt, da Normabweichungen – gleich welcher Art – Heiterkeit oder Spott auslösen können. Hier ein Beispiel aus dem *Kölner Stadtanzeiger*: „Unangefochtener Star des Christen-Treffens war die hannoversche Landesbischöfin Margot Käßmann, die in München nach ihrem Rücktritt als Bischöfin und Ratsvorsitzende der Evangelischen Kirche wegen einer Trunkenheitsfahrt mehrere umjubelte Auftritte hatte." Syntaktisch ist hier alles in Ordnung. Eine Panne tritt dadurch ein, dass (ungewollt) ein doppeldeutiger semantischer Bezug möglich ist: der beabsichtige und sachlich korrekte Bezug auf die Trunkenheitsfahrt als Anlass des Rücktritts gegenüber dem unbeabsichtigten Bezug auf die fatale Fahrt als Ursache des Jubels. Die unfreiwillige Komik (und persönliche Blamage) hätte der Verfasser vermeiden können, hätte er adversativ statt kausal formuliert: „… die trotz des Stigmas ihrer fatalen Trunkenheitsfahrt mehrere umjubelte Auftritte hatte."

Stilistik

ist 1. die normative Lehre vom guten Schreibstil, die praktische Regeln aufstellt und allgemeine Richtlinien liefert für das richtige, gefällige, empfehlenswerte Verfassen von Texten. Sie gibt Auskunft darüber, was man beim Schreiben tun und was man unterlassen sollte, und ist damit das schriftsprachliche Pendant zur → Rhetorik. Sie ist 2. die allgemeine Wissenschaft vom Sprachstil schlechthin, die nicht normativer, sondern beschreibender Art ist und den Stil einer Epoche, eines Werkes, eines individuellen Autors untersucht, indem sie die typischen Merkmale festhält und unter ästhetischen Aspekten darstellt. Aufgrund von Überlappungen mit den Formen der Bildenden Kunst, der Sprache der Werbung und den Botschaften der elektronischen Medien hat es sich bislang als nicht möglich erwiesen, eine allgemeine Stilistik als anerkannte Wissenschaft zu begründen. Deshalb ist die → Semiotik heute weitgehend an die Stelle der Stilistik getreten.

Strukturalismus, Poststrukturalismus
Begriffe, die in den letzten Jahrzehnten eine wichtige Rolle spielten und das Strukturphänomen in den Vordergrund wissenschaftlichen Interesses rückte. Struktur lässt sich sowohl in der Sprache als auch andernorts definieren als *die spezifische Anordnung von Elementen in einem System*. Zentral für den sprachlichen Strukturalismus ist die Erkenntnis, dass eine große Zahl semantisch unterschiedlicher Äußerungen oder Sätze aus *einer* Grundstruktur erzeugt werden kann. So sagen die drei Sätze „Das Leben ist sehr hart", „Die Blume erscheint wunderbar leuchtend" und „Die Sonne brennt unerträglich heiß" ganz Unterschiedliches aus; dennoch haben sie in der Abfolge der Elemente eine gemeinsame Struktur: Artikel + Substantiv + Verb + Adverb + Adjektiv. Die Erkenntnis von Strukturen setzt die Existenz und Erkenntnis von Systemen voraus. Sie sind die zusammenhängenden Bausteine, aus denen Systeme aufgebaut sind, wobei es sich meist um hierarchisch gegliederte Systeme handelt: Die kleinen Elemente oder Bausteine, die Mikrostrukturen, fügen sich zu größeren, den Makrostrukturen, zusammen. Umgekehrt lassen sich die größeren in die kleineren zerlegen, so dass bei strukturalistischen Analysen gewissermaßen von oben nach unten (*top down*) wie auch von unten nach oben (*bottom up*) verfahren werden kann. Am klarsten kann dieses Verfahren im Satzbau (→ Syntax) gezeigt werden, wo die Elemente unterhalb der Satzgrenze als → Mikro-, oberhalb als Makrostrukturen definiert werden. Im Strukturalismus wird dieses Analyseverfahren in besonderer Weise kultiviert und verfeinert und auch in anderen Gebieten (z. B. in der Soziologie und Anthropologie) angewandt.

Während der sprachliche Strukturalismus seine Erkenntnisse wesentlich objektbezogen gewinnt, stellen die Poststrukturalisten die Prämissen in Frage. Die neuere Richtung versucht deutlich zu machen, dass sprachliche Strukturen nicht objektiv analysiert werden können, da sie stets eines verstehenden, interpretierenden Subjekts, eines Hörers oder Lesers bedürfen. Der Schwerpunkt der Untersuchungen verlagert sich damit von der formalen Struktur hin zu einer Betonung der vom Subjekt geleisteten aktiven und kreativen Tätigkeit. Die Poststrukturalisten betonen, dass Bedeutung nicht mit der Sprache eines Textes vorgegeben ist, dass sie vielmehr vom Hörer/Leser konstituiert oder projiziert wird. Dieser liest in den Text hinein (deutet, bewertet, ergänzt, stellt in Frage usw.), was nicht unmittelbar darin steht und insofern rein sprachlich auch nicht überprüfbar ist.

Diese Theorie besitzt hohe Plausibilität insbesondere bei literarischen Texten, bei denen die Imagination des Lesers, d. h. seine Subjektivität, stark beteiligt ist. Sie ist weniger plausibel bei Sachtexten, über deren Bedeutung meist ein intersubjektiver Konsens besteht, der die Subjektivität praktisch aufhebt und die Bedeutung objektiviert. Hier kann – bei größeren Gruppen zumindest – eine hohe Übereinstimmung zwischen den Subjekten zu verallgemeinerungsfähigen, empirisch stabilen Aussagen führen.

Substrat und Superstrat
Von lat. *sub, super* = unter, über + *stratum* = Schicht. Diese beiden aus der Beobachtung sprachgeschichtlicher Vorgänge stammenden Begriffe beschreiben Sprachzustände als verschiedene „Schichten" in Veränderungsprozessen. Wenn eine Sprache z. B. als Folge einer Eroberung ihres Territoriums oder langfristiger politischer Herrschaft unter die Dominanz einer anderen gerät (→ Sprachkontakte), kann sie verdrängt und durch eine neue Sprache ersetzt werden. Aber damit verschwinden ihre Spuren nicht einfach, sondern bleiben als Substrat, als Unterschicht, erhalten. Die neue Sprache bildet dann das Superstrat über dem Substrat der alten. Den klassischen Fall einer solchen Schichtenlagerung bildet die lateinische Sprache, deren Vokabular als Substrat bis heute in vielen modernen Sprachen nachweisbar ist, auch nachdem die romanischen Sprachen sich als Superstrate gewissermaßen „darübergestülpt" und das Lateinische modifiziert hatten. Solche Schichtbildung kann nachhaltige Konsequenzen haben: Als die Normannen im frühen 10. Jahrhundert Südengland eroberten, führte das dazu, dass die französische Sprache Vorrang vor der einheimischen Sprache der Angelsachsen erhielt. Der Adel sprach französisch, das gemeine Volk angelsächsisch (altenglisch), was weitreichende Folgen für Kultur und Politik im Land hatte. Ein aktuellerer Fall betrifft die englische Sprache, die im Zuge ihrer Verbreitung auf allen

Kontinenten mit einheimischen Sprachen „kollidierte". Daraus entstanden →
Varietäten, welche die Grundstrukturen der überlagerten Sprachen (besonders in der Phonetik) als Substrate bewahrten. Die Substratmerkmale können durch Vergleich der ursprünglichen Sprache mit der jeweiligen Varietät bzw. dem neuen Idiom nachgewiesen werden.

Symbol, Symbolik, Symbolismus
Im Griechischen bedeutet *symbolon* ursprünglich „Zeichen", und in dieser Verwendung wird es auch heute im Deutschen noch oftmals benutzt. Sprach-, Literatur- und Kulturwissenschaftler unterscheiden allerdings zwischen → Zeichen und Symbol: Ein Zeichen ist bedeutungsmäßig stets festgelegt und erlaubt keine Vieldeutigkeit (typischer Fall: Verkehrszeichen). Demgegenüber ist ein Symbol meist komplex und vieldeutig, da es in seiner Wirkung mehrfache, sowohl kognitive als auch affektive Funktionen ausüben kann. Beispiel: Wenn man das christliche Kreuz als Zeichen auffasst, dann misst man ihm kognitiv die Bedeutung Tod, Kreuzestod, evtl. Todesdatum (auf einem Grabstein) zu. Begreift man es als Symbol, dann erweitert es seine Bedeutung und wird mit emotionalen oder religiösen Qualitäten angereichert (Passion Christi, Opfer, Erlösung). Das heißt, ein Zeichen wirkt relativ unpersönlich und übt seine Funktion gewissermaßen an der Oberfläche unseres Bewusstseins aus. Wir nehmen es zur Kenntnis und verfahren rein sachlich damit. Ein Symbol hat seelische Resonanz, es entfaltet eine semantische Aura und wirkt in die Tiefe. Es berührt uns positiv oder negativ und löst Gefühle aus: Freude, Hoffnung, Liebe usw. oder auch Angst, Abscheu oder Empörung. Auf Zeichen reagieren die Menschen in mehr oder minder der gleichen, stark konventionalisierten Art und Weise; auf Symbole reagieren sie unterschiedlich je nach Veranlagung, Gefühlsleben, Interessenlage und Erfahrungshorizont. Am persönlichsten und individuell unterschiedlichsten wirken Traumsymbole, denn sie sind nur sehr begrenzt festlegbar und in ihrer Bedeutung meist schwer erschließbar.

Im Laufe der Geschichte können Symbole *depotenziert* werden und ihre Wirksamkeit einbüßen. Dies geschah im Abendland z. B. mit der Sonne als einem in fast allen antiken Kulturen mächtigen sakralen Symbol. Heute ist die Sonne für die meisten Zeitgenossen nur mehr das Zentralgestirn in einem Sonnensystem, also ein astronomisches, aber kein heiliges Objekt. Unter Umständen können Symbole aber auch (wie das nationalsozialistische Hakenkreuz) *repotenziert* werden. Die Nazis haben es nicht erfunden, sondern auf der Suche nach einem Identität stiftenden Symbol von den Hindus „entlehnt". Neo-Nazis bringen ihm heute wieder Ehrerbietung entgegen, während die meisten Menschen es eher sachlich oder ablehnend betrachten. Das erlaubt den Schluss, dass die Bedeutung von Symbolen sich wandelt.

Als Symbolismus wird eine Kunstrichtung in der Poesie und Malerei verstanden, wo Symbole (hauptsächlich aus der privaten Welt) als dominierende Gestaltungsprinzipien eingesetzt werden. (Eine „Symbologie" als akademisches Fach, wie von US-Autor Dan Brown der Harvard Universität zugesprochen, gibt es nicht.)

Synchronie
(von gr. *syn* = zusammen, gleichzeitig + *chronos* = Zeit) Synchronie ist im Gegensatz zur → Diachronie die Betrachtung einer Sprache in ihrem Zustand zu einem bestimmten Zeitpunkt der Geschichte. Synchronisch vorgehende Sprachwissenschaftler ignorieren aus methodischen Gründen die geschichtliche Dimension einer Sprache und konzentrieren sich auf den Jetztzustand oder einen früheren Zustand. Sie machen einen „synchronen Schnitt". Der prominente Sprachwissenschaftler Ferdinand de Saussure hat die beiden Zugangsweisen einmal verglichen mit zwei möglichen Betrachtungen eines Schachspiels: Beobachtet und analysiert man die Entwicklung des Spiels, so entspricht dies der diachronischen Methode. Schaut man während des Spiels auf eine ganz bestimmte Konfiguration, ohne deren Zustandekommen und weitere Entwicklung zu berücksichtigen, so gleicht dies der synchronischen Methode. In der synchronischen Analyse ist das System sozusagen eingefroren, in der diachronischen Methode bewegt es sich durch die Zeit. Beide Methoden haben ihre Berechtigung je nach den Erkenntniszielen der Wissenschaftler. Strukturalisten bevorzugen die Synchronie, da sie stark systemorientiert sind, Sprachhistoriker naturgemäß die Diachronie, da sie das Spiel dauernder Veränderungen erforschen.

Synonym, Synonymik
Von gr. *synonymos* = gleichnamig. Ein Wort, das mit einem anderen (wesentlich) gleichbedeutend oder bedeutungsverwandt ist, so dass beide in einem bestimmten Zusammenhang austauschbar sind. Sie können als lexikalische Stellvertreter für einander fungieren. Synonyme unterscheiden sich aber in ihrer Herkunft und werden jeweils anders geschrieben. Beispiele: horchen und lauschen; speien und spucken; Gesicht und Antlitz; Wonne und Lust. Synonyme bereichern die Sprache, da sie lexikalische Alternativen bieten und es gestatten, Wiederholungen und damit monotone Sprachgestaltung zu vermeiden. Dementsprechend ist Synonymik der Zweig der Sprachwissenschaft, der Gleichbedeutendes in der Lexik untersucht.

Syntagma und Paradigma
Diese beiden Begriffe sind aus der sprachwissenschaftlichen Arbeit von Ferdinand de Saussure hervorgegangen. Sie bezeichnen zwei verschiedene Hinsichten auf die Strukturen der Sprache: einmal die Sicht, die sich ergibt, wenn man das Kontinuum der Sprache „horizontal" betrachtet, d. h. als eine lineare Abfolge von Elementen auf der progressiv fortschreitenden Zeitachse (Frage: nach welchem sequenziellem Muster sind die Elemente miteinander verkettet?); zum anderen die Sicht, die resultiert, wenn man „vertikal" vorgeht, d. h. die analogen Verknüpfungsmuster prüft, die gewissermaßen in der Tiefe wirken (Frage: welche Entsprechungen ergeben sich, wenn man die Muster über- oder untereinander legt?). Folgende Sätze stimmen sowohl syntagmatisch als auch paradigmatisch überein, ihre Baumuster sind identisch:

	Syntagmatisch →			
↑ *Paradigmatisch* ↓	Sie	muss	jetzt	gehen
	Er	sollte	bald	kommen
	Ich	darf	noch	bleiben
	Sie	konnten	rechtzeitig	verschwinden

Würde man hier nun aber einen Satz einfügen wie *Nicht eine Minute länger werden wir verweilen*, wäre das Muster gestört. Auf diese Weise lassen sich sämtliche sprachlichen Äußerungen miteinander vergleichen und syntagmatisch wie paradigmatisch in puncto Übereinstimmungen und Abweichungen bestimmen. Zum Beispiel lässt sich prüfen, ob ein bestimmter Sprecher oder Autor eine Vorliebe für bestimmte Paradigmen hat oder ob er seine Syntax so „frei" variiert, dass sich bei der Analyse keine bevorzugten Muster ergeben. Derartige Vergleiche lassen sich auch sinnvoll in der Satzbaulehre anwenden.

Syntax, Parataxe, Hypotaxe
Von gr. *syntaxis* = Zusammenstellung. Die Begriffe beziehen sich auf die Gliederung oder Bauweise von Sätzen als normativ geregelte Verkettung ihrer Elemente. Die Syntax kann von einer Sprache zur anderen stark variieren, obwohl sich Sätze als sprachliche Einheiten universal feststellen lassen (→ Satz). Die syntaktischen Regeln bestimmen die spezifische „Logik" einer Sprache: Sie befinden unter anderem darüber, wie in ihr kausale Beziehungen ausgedrückt, zeitliche Abläufe gegliedert, modale und konditionale Verhältnisse geregelt werden. Diese Regeln sind zum Verständnis ebenso wichtig wie die Wörter und Begriffe zur Bezeichnung der jeweils behandelten „Sachen". Verstöße gegen die Regeln der Syntax werden von kompetenten Sprechern oder Hörern sofort als Fehler wahrgenommen, die die Kommunikation stören und den Verursacher als sprachlich inkompetent ausweisen.

Man unterscheidet im Wesentlichen zwei Gliederungsprinzipien: die so genannte Parataxe, in der die einzelnen Satzglieder parallel geordnet (Satz um Satz bzw. Nebensatz um Nebensatz) hintereinander erscheinen: „Der heutige Tag war sein Geburtstag. Er sollte würdig begangen werden. Man wollte auf jegliches Brimborium verzichten. So schnell würde der Tag nicht wiederkehren. Er bot daher eine besondere Gelegenheit, seine Verdienste der Gesellschaft deutlich machen." Aus stilistischen oder anderen Gründen wird jedoch oft die Hypotaxe gewählt, in der die Satzglieder ineinander verschachtelt auftreten (Hauptsatz, unterbrochen von Nebensatz, evtl. einem zweiten Nebensatz und einer Parenthese): „Der Tag bot, da es sein Geburtstag war, der würdig (ganz ohne Brimborium) begangen werden sollte, eine besondere, so schnell nicht wiederkehrende Gelegenheit, seine Verdienste der Gesellschaft deutlich zu machen." Der Vorteil einer parataktischen Gliederung ergibt sich aus der relativ leichten Verständlichkeit parallel geschalteter Satzsequenzen. Zur Beschreibung komplizert gelagerter Gedanken oder Sachverhalte kann eine hypotaktische Anordnung aber ihren eigenen Wert besitzen. In der Weltliteratur ist Ernest Hemingway bekannt für seine Vorliebe für konsequent parataktischen Satzbau, während Thomas Mann fast immer hypotaktisch schreibt. Dies sind Varianten, die nicht als besser oder schlechter qualifiziert werden können. Ihnen liegt ein jeweils charakteristisches Sprach- und Wirklichkeitsbewusstsein zugrunde.

T

Tautologie
siehe Pleonasmus

Tempus
siehe Zeitenbildung (Tempus)

Text und Kontext
Von lat. *textus* = Gewebe. Im Grunde ist jede kommunizierbare Äußerung jenseits der Satzgrenze, ob gesprochen oder geschrieben, ein Text. Allerdings wird der Begriff in alltagssprachlicher Verwendung meist auf größere schriftliche Einheiten wie Artikel, Briefe, Notizen, Abhandlungen, Verträge, Bekanntmachungen, Essays, literarische oder poetische Werke usw. bezogen, die in dieser oder jener Weise konventionalisiert sind und als → Textsorten unterschieden werden. Kommunizierbar heißt, dass Texte bestimmten Anforderungen bezüglich der Länge, der Kohärenz, der strukturellen Beschaffenheit und der allgemeinen Verständlichkeit unterliegen. Allerdings ist die Verständlichkeit nicht immer befriedigend durch den Text allein gegeben, sondern bedarf der Heranziehung und Einbeziehung eines Kontexts. Als Kontext gilt das „Umfeld" eines Textes, das ihn – indirekt – semantisch überschreitet und ausweitet. Es kann von anderen Texten gebildet, aber auch von Traditionen, Konventionen, historischen Hintergründen, biographischen Daten u. dgl. geschaffen werden.

Kontexte können in weltanschaulicher (sozialer, politischer, historischer, kultureller) Hinsicht auf Texte einwirken, sie perspektivisch erweitern, erhellen, dramatisieren, ironisieren oder auch in ihrer Geltung in Frage stellen. Es gibt praktisch keinen (aktuellen) Text ohne (potenziellen) Kontext. Zwischen beiden besteht ein wechselnder dynamischer Zusammenhang, der je nach Interesse und Fähigkeit des Hörers oder Lesers bewusst gemacht oder auch ignoriert werden kann. Wer die Fabel von Dr. Faustus durch das Goethesche Drama kennt, aber nichts von der Überlieferung des Stoffes weiß, kennt einen Text ohne Kontext. Wer einen Zeitungsartikel über den 11. September 2001 liest, ohne je andere Informationsquellen hinzugezogen zu haben, stützt sich auf einen (journalistischen) Text ohne größeren (politischen) Kontext.

Ein Kontext kann auch vom Textumfeld im selben Text gebildet werden. Da Texte eine Ganzheit bilden, kann es problematisch sein, dieses Umfeld absichtlich oder aus Nachlässigkeit zu ignorieren. Wenn in der Öffentlichkeit aus Reden oder Schriften zitiert wird, beklagen sich deren Verfasser oftmals darüber, dass Zitate „aus ihrem Zusammenhang gerissen" wurden. Dies ist in der Tat intellektuell unredlich, wenn sich nachweisen lässt, dass der Kontext für die Bedeutung des Zitats unverzichtbar ist.

Textkritik
So nennt sich das zwischen Sprach- und Literaturwissenschaft angesiedelte Forschungsgebiet, das der Ermittlung der Bedingungen dient, die auf die Entstehung, Ausprägung und Überlieferung von Texten Einfluss genommen haben. Textkritiker bemühen sich, möglichst sämtliche inneren und äußeren Faktoren zu ermitteln, die für den Status eines Texts und seiner Tradition maßgeblich sind. Ihnen geht es nicht um die → Interpretation oder Exegese des Materials, sondern um dessen Konstitution zwecks Herstellung möglichst hoher Authentizität. Dies involviert oft (besonders bei älteren Handschriften) eine aufwändige Forschungsarbeit bei der Suche nach Urfassungen (Archetypen) und dem Vergleich konkurrierender Versionen: Was ist echt? Was wurde verfälscht? Was wurde hinzugefügt, was herausgestrichen? Welche Version ist die ursprüngliche? Die Arbeit schließt je nach Problemlage → Konjekturen, → Emendationen und → Kollationen ein. Das Ergebnis erfolgreicher Arbeit führt dann gewöhnlich zu einer so genannten kritischen Ausgabe des untersuchten Materials.

Textlinguistik
ist ein Zweig der Linguistik, der sich mit der Beschreibung und Analyse von Sprachstrukturen jenseits der Satzgrenze beschäftigt. Während die Linguistik gewöhnlich den → Satz als Einheit betrachtet, analysiert die Textlinguistik die übergreifenden Einheiten und deren Verkettungsregeln, um die Gliederungsprinzipien z. B. eines Buchkapitels, eines längeren Zeitungsartikels oder eines ganzen Epos zu beschreiben. Wenn ein Text z. B. mit dem Satz beginnt „Nie und nimmer werde ich dir untreu werden", so ist das syntaktisch kaum bemerkenswert. Wenn aber der nächste Satz fortfährt „Nie und nimmer werde ich dich verlassen" und der dritte hinzufügt „Nie und nimmer werde ich dich hintergehen" so ist diese anaphorische Reihung textlinguistisch bemerkenswert – zum einen wegen der auffälligen Parallelen (Nie und nimmer...), zum anderen wegen der damit bezweckten Emphase: Die zweite und die dritte Wiederholung betont die erste, die Bedeutung wird dadurch intensiviert und „schwergewichtiger". Es entsteht also ein besonderer textsemantischer Effekt.

Textsorte
Die Zahl der jemals von der Menschheit produzierten Texte ist schier unendlich und in ihrer Vielfalt für die Textwissenschaft schwer überschaubar. Wendet man jedoch das reduktionistische Verfahren der Textsortenlehre an, schrumpft das infinite Universum der Texte auf eine überschaubare Zahl bekannter Textsorten. Heute ist diese Lehre weitgehend an die Stelle der traditionellen philologischen Gattungslehre getreten, da man erkannt hat, dass der Gattungsbegriff in einer pluralistischen Kultur, wo das so genannte *cross-over* an der Tagesordnung ist, nicht mehr leistungsfähig ist. Versucht man, die verwirrende Fülle funktional unterscheidbarer Texte zu klassifizieren, lässt sich bei genauerem Hinsehen feststellen, dass Merkmale wiederkehren und deshalb den Sprachbenutzern bzw. Lesern mehr oder minder geläufig sind. Sie stellen eine Art Inventar konventionalisierter, geistig verfügbarer Textmuster dar. Was der normal gebildete Leser mehr oder minder intuitiv und unsystematisch erfasst, wenn er z. B. Kriminalromane von Liebesgedichten, Reklametexten oder Vertragswerken unterscheidet, das versucht die Textlinguistik möglichst objektiv und systematisch zu ermitteln und als Textsortenmerkmale zu beschreiben. Dabei reicht das Spektrum von stereotyper Formelhaftigkeit bis zu hoch kreativen Schöpfungen.

Textverständlichkeit
Verständigung durch Sprache ist ein dynamischer und variabler Vorgang, der ebenso viel mit der Struktur der Sprache wie mit den lingualen Fähigkeiten der Sprachteilnehmer zu tun hat. Insofern sind Probleme programmiert, wenn die Struktur stark von der Norm abweicht und/oder wenn die sprachlich-intellektuellen Voraussetzungen bei den Kommunikationspartnern zu wünschen übrig lassen. In jüngster Zeit ist das Problem der (Un-) Verständlichkeit von Texten in den Fokus der Sprachforschung gerückt, da zunehmend Klage geführt wird über das Kauderwelsch, welches der Öffentlichkeit (meist aus der Feder von Juristen und Bürokraten) zugemutet wird und das zur Zielscheibe von Spott und Kritik geworden ist. Die Kardinalsünden lassen sich benennen: Umständlichkeit der Formulierungen, Unklarheit bei der Darlegung von Sachverhalten, Gespreiztheit im Stil und Schwerfälligkeit im Ausdruck, → Phrasendrescherei. Sie erschweren das Textverständnis oder machen es gar unmöglich. Auch die korrespondierenden Ursachen aufseiten der Produzenten lassen sich benennen: Selbstverliebtheit, Imponiergehabe, Borniertheit, Rücksichtslosigkeit, mangelnde Logik oder schlichte Unfähigkeit; kurz: fehlende Beachtung elementarer kommunikationspsychologischer Regeln. Hier ein Beispiel für einen unverständlichen Text (aus den „Versicherungsbedingungen der Quelle-Karstadt Krankenvers. AG." 01.12.2005): „Keine Ansprüche für Tarifleistungen bestehen für: Behandlungen durch Ärzte und Heilpraktiker, deren Rechnung wir aus wichtigem Grund von der Erstattung ausgeschlossen haben, wenn der Versicherungsfall nach Ihrer Benachrichtigung über den Leistungsausschluss eintritt. Sofern zum Zeitpunkt der Benachrichtigung ein Versicherungsfall bereits eingetreten ist, besteht kein Leistungsanspruch für die nach Ablauf von drei Monaten nach der Benachrichtigung entstandenen Aufwendungen." Der Sprachforscher Günther Zimmermann fand in einer Untersuchung heraus: „Dieser Absatz wurde von 91,4 % der durchschnittlichen Versicherungsnehmer (überwiegend Akademiker) auch nach mehrmaligem Lesen nicht verstanden."

Thesaurus
Von lat. *thesaurus* = Schatz, Schatzhaus. In der Sprachwissenschaft ist ein Thesaurus eine Wortschatzsammlung, d. h. ein Wort- und Begriffsinventar, dessen Elemente nach bestimmten Kriterien sachlich gruppiert und semantisch

verbunden sind. Im Unterschied zu einem Wörterbuch oder Lexikon ist ein Thesaurus nicht alphabetisch, sondern nach lexikalischen Kategorien geordnet. Diese erlauben es, die verwandtschaftlichen Beziehungen der → Lexeme darzustellen, wie sie sich aus synonymen, äquivalenten, assoziativen und hierarchischen Beziehungen ergeben. So ist z. B. das Wort *Bild* der „Stammvater" von *Abbild, Spiegelbild, Zerrbild, Gegenbild, Mannsbild, Schreckensbild* usw. → Wort. Sie gehören in *einen* wortsemantischen Zusammenhang. So ist das Wort *Tischler* ein Unterbegriff zum *Handwerker* als Oberbegriff, der seinerseits dem höheren Begriff *Werktätiger* untergeordnet werden kann. Alle drei stehen in einem hierarchischen Verhältnis. So ist das Wort *fröhlich* ein Synonym zu *heiter* und zu *vergnügt*. Eines kann an die Stelle des anderen treten. Und so ist das Adjektiv *herrisch* assoziativ verknüpfbar mit *diktatorisch, despotisch, dominant* und *tyrannisch*. Sie gehören in einen Vorstellungs- und Erfahrungskomplex. Diese variablen Beziehungen werden in einem linguistischen Thesaurus aufgeschlüsselt und als Netzwerke so dargestellt, dass sie vom Benutzer in ihrem Beziehungsgeflecht erkannt und sachgemäß verwendet werden können. Pionierarbeit auf diesem Gebiet leistete der Engländer Peter Mark Roget, der 1852 *Roget's Thesaurus of English Words and Phrases* veröffentlichte, ein Werk, das bis auf den heutigen Tag erscheint und regelmäßig aktualisiert wird.

Tiefenstruktur
siehe Oberflächen- vs. Tiefenstruktur

Tiersprache
Seit der Mensch sprachbewusst geworden ist und die Tierwelt beobachtet, hat er sich die Frage nach der Sprache der Tiere gestellt. Können Tierlaute wie Zwitschern, Brüllen, Wiehern, Bellen, Knurren, Miauen usw. als Sprache gelten? Eine Antwort hängt natürlich ganz davon ab, wie man Sprache definiert. Schränkt man die Definition allgemein auf Sprache als Kommunikationsmittel ein, besteht kein Zweifel, dass Tiere der verschiedensten Gattungen auf die verschiedenste Art miteinander kommunizieren. Wale und Delphine kommunizieren miteinander, Singvögel senden einander Signale, Bienen und andere Kreaturen können sich verständigen. Ihnen dienen verschiedene Laute und

Lautsequenzen oder auch „kodierte" Gebärden als Mitteilungen an ihre Artgenossen. Definiert man Sprache allerdings im Sinne der modernen Sprachwissenschaft als ein komplexes Verständigungssystem mit verschiedenen, voneinander abhängigen Subsystemen (Grammatik, Morphologie, Phonologie und Semantik), dann verfügen Tiere nicht über Sprache, da ihren Gehirnen von Natur aus die erforderliche Ausstattung fehlt oder ihre Lebensweise keine Sprache (als linguales Medium) erfordert.

Diese Mängel bedeuten aber nicht, dass bestimmte Tiere unter bestimmten Umständen keine rudimentäre Sprache lernen können. Viel Aufsehen haben Experimente von Tierpsychologen erregt, die zeigen konnten, dass höher entwickelte Arten, die Hominiden (Schimpansen, Gorillas, Bonobos und Orang-Utans), sprachlernfähig sind. Ein spektakulärer Fall betrifft den des Gorillaweibchens Koko im kalifornischen Woodside, das in jahrelangem Training lernte, rund 2000 englische Wörter zu verstehen. Das Tier konnte auch drei bis sechs Wörter lange Sätze bilden und vermochte *do* auf *blue* zu reimen und *squash* auf *wash*. Nicht wirklich verwunderlich, denn die Gehirne der Menschenaffen verfügen ebenso wie der Mensch über Broca- und Wernicke-Zentrum (→ Sprachzentren). Wenn sie dennoch Probleme haben, so liegt das nicht nur an minderer Intelligenz, sondern an einem Kehlkopf, der anders geformt und tiefer angesiedelt ist als beim Menschen. Dies anatomische Merkmal hindert sie daran, jemals so differenziert und flüssig sprechen zu können wie Menschen.

Typographie
Von gr. *typos* = Gepräge + *graphein* = schreiben. Die Typographie regelt für die Schreib- als Druckschrift die Auswahl, Anordnung und Gestaltung von Buchstaben auf der gedruckten Seite. Dazu gehören alle Merkmale, die optisch die Lesbarkeit und ästhetisch die Besonderheit (Schönheit, Gefälligkeit) des Drucks bestimmen: Form und Größe der Buchstaben, kalligraphische Ornamente, Satz- und Sonderzeichen, Buchstaben-, Wort- und Zeilenabstände (Durchschuss), Randbreiten, Art und Platzierung von Illustrationen, Farbgebung, Überschriften und Zwischenüberschriften, Gestaltung von Anmerkungen und Fußnoten; kurz: alles was zum so genannten Seitenlayout gehört. Das Hauptanliegen der Seitengestaltung ist die Formgebung der Buchstaben, deren Ensemble der jeweiligen Schrift einen eigenen Namen als Erkennungsmerkmal

gibt: *Times, Times New Roman, Garamond, Arial, Baskerville, Bradley, Antiqua, Fraktur, Kursiv, Albertus* und viele andere. Sie werden ständig ergänzt und bilden mittlerweile ein umfangreiches, schwer überschaubares Inventar verfügbarer Schriften. Man schätzt, dass seit Erfindung des Buchdrucks mehr als 10.000 Schriftarten entworfen worden sind. Meist werden sie aus Geschmacksgründen gewählt, sie können aber auch bestimmten Motiven entspringen: Eine Schrift wie *Bradley* zum Beispiel ist sichtbar dekorativ, während *Arial* einen eher sachlichen Eindruck macht. Empirische Studien zeigen, dass bestimmte Schriften sich leichter und flüssiger lesen als andere, weshalb die meisten Buch- und Zeitungsverlage ihre Favoriten unter den Schriften haben. Die Typographie des „Kleingedruckten" wird in der Öffentlichkeit oft zu Recht kritisiert, weil ihre (absichtlich?) schlechte Lesbarkeit ein offenkundiges Ärgernis darstellt.

Typoskript
siehe Manuskript vs. Typoskript

U

Übersetzen und Dolmetschen
Nach dem biblischen Bericht in Genesis 11 geht die Unterschiedlichkeit der Sprachen in unserer Welt auf die babylonische Sprachverwirrung zurück, mit der Gott die Hybris der Menschheit bestrafte. Der Mythos sollte erklären, was der damaligen Menschheit als schwer erklärbar erschien: die Verschiedenheit der Sprachen und die Schwierigkeit, die dadurch gegebenen Verständnisbarrieren zu überwinden. Heute wissen wir, dass es eine babylonische Sprachverwirrung nicht gegeben hat, die Vielsprachigkeit unserer Welt vielmehr auf regionale Einflüsse, Migration und kulturanthropologische Differenzen zwischen den Stämmen und Völkern zurückzuführen ist. Freilich ändert dieses Wissen nichts am Problem der Verständnisbarrieren, die, wenn wir es lösen wollen, die Notwendigkeit von Übersetzungen auf den Plan ruft.

Von einer in die andere Sprache übersetzen ist ein schwieriges Geschäft, das vom Übersetzer hohe Kompetenz verlangt. Es erfordert nicht nur gründliche Kenntnisse von Grammatik und Vokabular, sondern involviert das komplexe

Problem des Zusammenhangs von Wahrnehmung, Denken und Sprechen/ Schreiben. Sprachen transportieren Weltbilder. Ihre Systeme haben spezifische Strukturen, die in keinem Eins-zu-eins-Verhältnis zueinander stehen und deshalb beim Übersetzen systemisches Umdenken erfordern. Sind auch manche Strukturen analog, so gibt es unzählige Wörter, Begriffe, Wendungen, Modeausdrücke und Konstruktionen in der Ausgangssprache, die in der Zielsprache keine direkten Entsprechungen haben. Sie können also nicht „über-setzt" werden, sondern müssen „er-setzt" werden. Allerdings gibt es Unterschiede: Sind gängige Texte, sagen wir Gebrauchsanweisungen, von jedem professionellen Übersetzungsbüro ohne Schwierigkeiten übertragbar, so erfordern literarische Werke, sagen wir James Joyces *Ulysses*, außergewöhnliches Talent und ausgeprägtes Feingefühl.

Von Dolmetschen spricht man, wenn Sprachen von qualifizierten Personen in direkter Kommunikation zwischen Dialog- oder Gesprächspartnern übertragen werden. Hier sind die Anforderungen besonders hoch aufgrund der Schnelligkeit, mit der ein Sprachfluss (fast) zeitgleich in einem anderen wiedergegeben wird und spontan zwei Systeme verfügbar sein müssen (Simultandolmetschen). Dies ist eine hochspezielle Tätigkeit, die ein Höchstmaß an Konzentration und viel Erfahrung erfordert. Die Gefahr, hier Fehler oder Ungeschicklichkeiten zu begehen, ist hoch. Ein Dolmetscher, will er im Kontinuum des Sprachflusses nicht ins Hintertreffen geraten, hat nicht die Möglichkeit zu pausieren, wie es ein am Schreibtisch arbeitender Übersetzer kann. Etwas weniger belastend ist es, wenn Dolmetscher nicht simultan, sondern konsekutiv übersetzen: Erster Redeteil – Übersetzung – zweiter Redeteil – Übersetzung usf.

Understatement

Engl. (gleichlautend) = Untertreibung. Der Begriff wird selten mit seinem deutschen Pendant, sondern meist mit dem englischen Wort wiedergegeben. Er bezeichnet eine Ausdrucksweise, durch die der Sprecher/Schreiber seinen Eindruck von einem Sachverhalt absichtlich herabstuft und dadurch unterbewertet. Er verzichtet bewusst auf die Formulierung, die eigentlich angemessen und zu erwarten wäre, erhielte der Sachverhalt das Gewicht, das ihm zukommt. So entsteht eine Diskrepanz zwischen Eindruck und Ausdruck. Eine augenblick starke Empfindung wird durch eine untertreibende Rede- oder Schreibweise unterdrückt und der angesprochene Sachverhalt als (scheinbar) harmlos, unwichtig oder belanglos abgetan. Kommentiert jemand z. B. ein sehr teures Objekt oder kostspieliges Vorhaben mit den Worten „Ein paar Groschen braucht man schon dafür", so ist das ein typisches Understatement. Das Große wird kleingeredet, das Gewichtige für leicht ausgegeben. Wer so spricht, bezieht damit die Position einer ironischen Distanz, ist sich aber implizit der wirklichen Sachlage bewusst.

Urheber und Urheberrecht
Schriften und Kunstwerke, die ureigene Leistungen darstellen, gelten als das geistige Eigentum ihrer Schöpfer (Urheber). Diese sind gesetzlich durch das Urheberrecht (UHR) in ihren ideellen wie materiellen Interessen gegen Missbrauch („Diebstahl") geschützt. Die Werke oder wesentliche Teile davon dürfen nur mit Genehmigung kopiert und vervielfältigt werden. Bei Übertragung der Rechte an einen Verlag werden sie von diesem wahrgenommen. Im Fall von Verstößen gegen das UHR kann gerichtlich auf Unterlassung- und Schadensersatz geklagt werden, wobei die Verfahren zivilrechtliche wie auch strafrechtliche Konsequenzen haben können (→ Plagiat). Das Zitieren von Textteilen, das Paraphrasieren von Gedanken und die Übernahme von Motiven aus fremden Werken ist gestattet, wenn die Quelle angegeben und (ggf. gegen Zahlung von Tantiemen) eine Genehmigung eingeholt wird. Nach dem Tod des Urhebers gehen die Rechte auf seine Erben über und können noch bis zu 70 Jahren Gültigkeit behalten. Seit 1952 gibt es eine internationale Konvention, das Genfer Welt-Urheber-Abkommen, nachdem früher die urheberrechtlichen Regularien von den Ländern individuell festgelegt wurden. Sachtexte ohne besondere schöpferische Ansprüche (Gebrauchsanweisungen, Zeitungsberichte, Gesetzestexte, Rundschreiben, amtliche Bekanntmachungen u. dgl.) fallen in der Regel nicht unter das Urheberrecht. Bei der Reproduktion und Nutzung von Inhalten aus dem Internet sind Urheber- und Copyrightfragen in der jüngsten Zeit sehr strittig geworden und beschäftigen Juristen, Autoren, Verlage und Politiker. Hier wird das Urheberrecht Bestandteil des komplizierten internationalen Medienrechts.

V

Varietäten
Von lat. *varietas* = Vielfalt. Trotz aller für erfolgreiche Kommunikation unverzichtbaren → Normen ist keine Sprache in sich homogen. Die oben unter → Dialekt, Idiolekt, Soziolekt, Jargon und Slang erläuterten Begriffe haben die Heterogenität der Sprache bereits von verschiedenen Blickwinkeln aus beleuchtet. Für das Ensemble dieser verschiedenen, geographisch, ethnisch, historisch und soziologisch bedingten Abweichungen benutzen Sprachwissenschaftler den Begriff Varietäten. Die größte Bandbreite an beschreibbaren Varietäten besitzt die englische Sprache, deren weltweites Wachstum eine Fülle „bunter Triebe" hervorgebracht hat: irisches Englisch, schottisches Englisch, australisches, neuseeländisches, amerikanisches und kanadisches Englisch – alles nationalspezifische Abwandlungen und Erweiterungen *einer* sprachlichen Grundstruktur. Hinzu kommen Black English, Pidgin English, kreolisches Englisch sowie die diversen, relativ neuen Mischformen → Denglisch, Franglais, Italianglo, Spanglish und Chinglish, in denen freilich die Ausgangssprachen noch dominant sind und es wohl auch bleiben werden. Der Varietätenbegriff wird im Wesentlichen deskriptiv und wertneutral benutzt, da die Wissenschaft keine Möglichkeit sieht, qualitative Differenzierungen vorzunehmen, ohne des Vorurteils oder der Ideologisierung bezichtigt zu werden. Allerdings ist zu beobachten, dass die dynamische Entwicklung von Varietäten Zentrifugalkräfte freisetzten kann, welche – im Fall Englisch – die zentrale Position der britischen Standardsprache schwächt. Es ist interessant und scheinbar paradox, dass einerseits die englische Sprache infolge der Globalisierung immer größere Verbreitung findet, andererseits die Varietäten aber so auseinanderstreben, dass das Zentrum geschwächt wird. Manche Sprachwissenschaftler sehen hier einen Präzedenzfall in der Geschichte der lateinischen Sprache und sagen wachsende Kommunikationsprobleme voraus.

Verkehrssprache
siehe Standard-, Verkehrs- und Amtssprache

Versalien
Dies sind die großen Anfangsbuchstaben bei literarischen, insbesondere lyrischen Texten. Sie werden so genannt, weil sie traditionell an den Beginn von Versen gesetzt werden. Funktional und orthographisch sind sie identisch mit den Majuskeln, den Großbuchstaben, die in der deutschen Sprache orthographisch mit den Minuskeln, den Kleinbuchstaben, wechseln. Majuskeln werden im Deutschen seit dem 16./17. Jahrhundert hauptsächlich für die Anfangsbuchstaben der Substantive verwandt, aber auch für Adjektive, wenn diese substantiviert werden (wie in *das Schöne*) oder mit dem folgenden Substantiv einen Begriff bilden wie in der *Internationale Gerichtshof*. Auf Grund der relativ komplizierten Regeln für Groß- und Kleinschreibung haben viele Menschen, besonders Schulkinder, Probleme im Umgang mit diesem Aspekt der → Orthographie. Neuerungen, die so genannten Binnenversalien wie in „DemokratInnen" oder „MitgliederInnen" zur Inklusion von Frauen, sind nicht normgerecht und verletzen die → Morphologie. Demokraten und Mitglieder sind kollektive, geschlechtsneutrale Wörter.

W

Weltsprachen
Dieser, meist mit Blick auf das heutige Englisch verwandte Begriff ist missverständlich, denn er suggeriert, dass es Sprachen gibt, die auf der ganzen Welt gesprochen und verstanden werden. Solche Sprachen gibt es nicht und hat es in der Geschichte nie gegeben. Was darunter pauschalierend gefasst wird, sind Sprachen mit besonders weiter Verbreitung und hohem Prestige, wie das im Mittelalter bei der Gelehrtensprache Latein, im 18. Jahrhundert bei der Handelssprache Spanisch und im 19. Jahrhundert bei der Diplomatensprache Französisch der Fall war. Wenn heute (in Wirtschaft, Industrie, Luftfahrt, Wissenschaft und populärer Kultur) die englische Sprache vorherrscht, so ist das wesentlich auf zwei Einflussfaktoren zurückzuführen: den britischen Kolonialismus und die US-amerikanische Kultur-, Militär- und Wirtschaftsmacht. Es ist nicht die besondere Qualität einer Sprache, etwa ihre strukturelle Beschaffenheit oder poetische Schönheit, die sie dominant werden lässt, sondern

ihre Durchsetzung mit missionarischen, politischen, ökonomischen oder militärischen Mitteln. (Shakespeare ist zwar ein großer Sprachkünstler, aber seine Größe hat nichts mit der globalen Verbreitung seiner Sprache zu tun).

Als Muttersprache fungiert Englisch heute – geschätzt – bei über 300 Millionen Menschen auf der Welt, als Zweitsprache wird sie von ebenso vielen gesprochen und als Fremdsprache von ca. 100 Millionen. Wie viele Menschen darüber hinaus rudimentär Englisch sprechen, lässt sich kaum abschätzen. Doch obwohl der globale Wachstumstrend anhält, erwarten Sprachwissenschaftler nicht, dass die „Weltsprache" Englisch sich zu einer planetarischen Universalsprache entwickelt. Denn einerseits behaupten sich – auf primärer Ebene – die einheimischen und nationalen Sprachen, die aufzugeben ihre Sprecher wenig geneigt sind, und andererseits zeigt sich – auf sekundärer Ebene – eine zunehmende Zersplitterung der Kernsprache in zahlreiche → Varietäten, deren Eigenarten Barrieren aufbauen und die transnationale und interkulturelle Verständigung erschweren.

Wortbildung
Unter → Neologismus haben wir darauf hingewiesen, dass neue Wörter und Begriffe ständig Eingang in unsere Sprache finden und den Wortschatz erweitern. Oft kommen solche Neuerungen von außen, sind also Importe aus anderen Sprachen. Allerdings verfügt die deutsche Sprache wie alle Sprachen über eigene Möglichkeiten, das Vokabular zu vergrößern und den Wortschatz wechselndem Bedarf anzupassen. Hier ist das System selbst kreativ. Am häufigsten und einfachsten ist das Verfahren der Kombination bestehender Lexeme zu einem neuen Wort, wie in der (jungen) Prägung *Wutbürger*, die durch eine simple Zusammenfügung entstanden ist. Wörter wie *Faustregel* oder *Augenblick* sind nach dem gleichen kombinatorischen Prinzip gebildet. Ein anderes Verfahren ist das der Konversion. Sie vollzieht sich, wenn eine Wortart sich zu einer anderen wandelt, ihre Funktion also erweitert: so z. B. wenn das Verb *essen* das Substantiv *Essen* bildet oder *würfeln* als Tätigkeit den *Würfel* als Gegenstand erzeugt. Wieder andere Bildungen basieren auf Wörtern, die durch Zusätze erweitert wurden. Solche zum Wortstamm oder zur Wortwurzel hinzutretenden Elemente werden Affixe genannt. Sie treten im Deutschen wie in vielen anderen Sprachen auf und vergrößern die Anpassungs- und Erweiterungsfähigkeit.

Die Affixe bilden drei Untergruppen: 1. die (vorangestellten) Präfixe, wie wir sie z. B. in *Mit-Mensch* oder in *un-gläubig* finden, 2. die (nachgestellten) Suffixe, wie sie z. B. in *rund-lich* oder *spieler-isch* oder *darstell-bar* begegnen, und 3. die Infixe, die Wortbildungselemente innerhalb von Wörtern darstellen, wie in *ein-ge-weiht* oder *durch-zu-führen*, wo sie als grammatische Morpheme fungieren, die bestimmten Satzbauregeln gehorchen. Wortbildungsprozesse mittels Affixe werden Affizierung genannt. Besonders sprachschöpferisch sind die Ableitungen oder Derivationen. Sie entstehen, wenn ein Basiswort sich mit lexikalischen Derivaten verbindet, wie in dem oben erwähnten Beispiel *Bild* mit seinen Ableitungen *Abbild, Gegenbild, Zerrbild, Spiegelbild, Mannsbild, Schreckensbild*. Im Unterschied zu den Affixen, die Bedeutungen nur verändern, sind Derivate selbständige Bedeutungsträger.

Wörter und Wortarten

Wörter (oder → Lexeme) sind sprachliche Einheiten, die an der Schnittstelle von Satz- und Wortstruktur angesiedelt sind. Sie haben eine je eigene, erkennbare Binnenstruktur und sind gleichzeitig (im Kontinuum der Sprache) grammatisch verknüpft mit einer sie einbettenden Satzstruktur. Ihre Gestalt kann sich also ändern unter dem Einfluss syntaktischer Regeln, wobei solche Änderungen im Deutschen meistens durch Kasus- oder Pluralbildung verursacht sind. Beispiel: *der* Wald, *des* Waldes, *die* Wälder, *den* Wäldern – ein und dasselbe Wort, vier grammatisch bedingte Varianten. Wörter lassen sich am leichtesten in der geschriebenen Sprache identifizieren, da sie gewöhnlich durch Leer- oder Satzzeichen (evtl. auch durch Bindestriche) von ihren Nachbarn abgegrenzt sind. In der gesprochenen Sprache fällt dies aufgrund des Redeflusses schwerer, besonders dann, wenn es sich um schnell oder undeutlich gesprochene Äußerungen handelt, bei denen die Identifikation der Einheiten dem Zuhörer Mühe macht. Hier ermöglicht langsames Sprechen mit kurzen Pausen zwischen den Wörtern in der Regel eine leichtere Bestimmung und damit ein besseres Verständnis. Ebenso erleichtert bei kompetenten Sprechern das verinnerlichte Schriftbild der jeweiligen Sprache die Identifikation, da ein graphophonisches Wiedererkennen stattfindet. Es gestattet, die Wortelemente kognitiv zu „isolieren" und damit angemessen zu semantisieren.

Wörter werden nach funktionalen und semantischen Kategorien oder Klassen in Wortarten eingeteilt. Davon gibt es im Deutschen acht: Nomen, Pronomen, Adjektiv, Verb, Adverb, Präposition, Konjunktion und Artikel. Einige Sprachwissenschaftler rechnen auch die Interjektion dazu. Das Kriterium für die Klassifizierung: Alle Wörter *einer* Art sollen sich in ihrer Funktion gleich verhalten. Demnach entspricht *Mensch* wortartmäßig *Tier*, *wer* entspricht *was*, *glücklich* entspricht *traurig*, *laufen* entspricht *gehen*, *weil* entspricht *wenn*, *vor* entspricht *hinter*, *ein* entspricht *der* und *bald* entspricht *nie*, *oh weh!* entspricht *ach nein!* Diese Art der Klassifizierung ist nicht universal gültig. Andere, „exotische" Sprachen verwenden z. T. ganz andere Prinzipien der Wortbildung und Klassifizierung

Wortmagie und Zaubersprüche
Das Studium der Sprachgeschichte lässt erkennen, dass durch Sprache Macht ausgeübt werden kann. Heute: in der politischen Rede, der demagogischen Überrumpelung oder der werbepsychologischen Verführung. Ehedem: in der verbalen Magie von Beschwörungsformeln, dem Vollzug von sakralen Handlungen oder der Faszination durch machtvolle Symbole. Nach den magisch-mythischen Überlieferungen der Völker können Worte, in der richtigen Weise gebraucht, töten, aber auch heilen; segnen, aber auch verfluchen; bannen, aber auch befreien. Die Tradition reicht von den vorantiken Kultformen über die Voodoo-Praktiken in der Karibik bis zum Erlernen von Zauberformeln in den Harry-Potter-Romanen. In den biblischen Texten wimmelt es von magischen Ereignissen. Der Machtspruch „Es werde Licht!" (in Genesis 1,3) ist angewandte Magie ebenso wie das necromantische „Lazarus, komm heraus!" zur Erweckung eines Toten (in Johannes 2,40).

Zwei markante Beispiele aus dem deutschen Sprachraum sind die „Merseburger Zaubersprüche" (9./10. Jh.) und das Goethe-Gedicht „Der Zauberlehrling" (1821). Das erste Werk enthält Sprüche (Lösungs- und Heilungszauber) aus der germanischen Mythologie; das zweite führt die „hohe Kunst" der Zauberei als verantwortungsvolles Tun im Unterschied zu laienhafter Stümperei vor. Die psychogenetisch bedingte Nachwirkung dieser Tradition zeigt sich u. a. in der Faszination, die Kinder „professionellen" Zauberern im Zirkus entgegenbringen und sie oft dazu veranlasst, sich selbst an geheimnisvollem

Abrakadabra zu versuchen. Und das „Sesam, öffne dich!" aus *Ali Baba und die vierzig Räuber* ist immer noch eine populäre Formel für Menschen, die ein Problem knacken wollen. Der aufgeklärte Mensch von heute hat sich aus dem Bann des Magischen nicht vollends befreit. Die Sprache bewahrt die Spuren seiner seelischen Vergangenheit.

Wortspiele
siehe Sprach- und Wortspiele

X

Xenoglossie und Gossolalie

Von gr. *xenos* = fremd + gr. *glossia* = Zunge. Hierunter versteht man die seltene, aber historisch und linguistisch belegte Fähigkeit mancher Menschen, Sprachen zu benutzen, die sie nicht erlernt haben. Einige Fachleute unterscheiden zwischen Xenoglossie als dem Schreiben fremder Sprachen und Glossolalie als dem Sprechen, wobei es sich allerdings nur um zwei Aspekte ein und derselben paranormalen Fähigkeit handelt. In neuerer Zeit wurde u. a. der Fall der Laura Edmonds aus New York bekannt. Ihre Muttersprache war Englisch, und in der Schule hatte sie elementares Französisch gelernt. Bei einer Abendgesellschaft im Jahr 1959 wurde ihr ein Grieche vorgestellt, und Miss Edmonds war imstande, sich länger als eine Stunde mit ihm auf Neugriechisch zu unterhalten. Aus der gleichen Zeit wird von einer Mrs. Young, einer Arbeiterin aus Chicago, berichtet, dass sie nach Gutdünken Spanisch oder Italienisch sprechen konnte. Das Medium Alfredo Pansini aus Veneto soll einmal in einer Sitzung hintereinander zwölf Sprachen gesprochen haben, und nach einer Meldung der New Yorker *Evening Post* (vom 10.11.1939) soll eine vierzehnjährige Polin, die einen schottischen Urgroßvater hatte, Selbstgespräche in einem Idiom geführt haben, das als Gälisch identifiziert werden konnte.

Der Glossolalie-Begriff ist eher religiös und religionsgeschichtlich besetzt. Ihm liegt die Vorstellung zugrunde, dass die betreffenden Individuen göttlich inspiriert oder dämonisch besessen sind, nicht *in persona* sprechen, sondern sich auf Geheiß außermenschlicher Mächte äußern. Neuro- und psychologisch betrachtet, sind solche ebenfalls dokumentierten Phänomene relativ ungeklärt. Sie werden entweder als besondere Symptome psychotischer Anwandlungen (Schizophenie) aufgefasst oder als seltene Fälle „psychischer Mehrleistung" (C. G. Jung). Die Sprachwissenschaft überlässt es Psychiatern, Parapsychologen oder Theologen, die Phänomene einzuordnen. Der Theologe W. Köhler behauptet: „Die älteste Christenheit hat...nicht gedacht. Sie hat nicht einmal logisch geredet, sondern in ekstatischen Lauten gelallt."

Z

Zaubersprüche
siehe Wortmagie und Zaubersprüche

Zeichen und Zeichensprachen
Alle Sprachen lassen sich als Systeme oder Strukturzusammenhänge von Zeichen auffassen, die benennende und bedeutungsvermittelnde Beziehungen stiften zwischen den verschiedenen Zeichen und dem von ihnen Bezeichneten. In dieser Funktion sind sie für die Kommunikation unverzichtbar (→ Semiotik). Beispiele: Die Farbe Rot an Verkehrsampeln als Zeichen für Stopp, entsprechend: der erhobene Arm eines Verkehrspolizisten auf einer Kreuzung. Oder der gespreizte Zeige- und Mittelfinger an der hochgestreckten Hand als Zeichen des Triumphes (*victory*). Die Bedeutung von Zeichen ist willkürlich, d. h. durch Konvention festgelegt. Es gibt keinen zwingenden, naturgegebenen Grund für solche Festlegung. Über dieses Verhältnis von Zeichen und Bezeichnetem denken wir selten nach, und den meisten Angehörigen einer Sprachgemeinschaft fällt es schwer, den Willkürlichkeitscharakter der Zeichen anzuerkennen. Ihr Weltbild ist unreflektiert von der Annahme eines „natürlichen" Zusammenhangs von Wörtern und Sachen geprägt: Die Dinge sind so, also heißen sie auch so. Dass dies nicht der Fall ist, wird jedoch schnell klar, wenn man sich mit Fremdsprachen befasst und völlig neue Zeichen- und Sachzusammenhänge kennenlernt.

Neben den natürlichen Sprachen, die wesentlich auf Lautsystemen gründen, gibt es eine Reihe von Zeichensprachen, die – besonderen Zwecken dienend – auf ausgeklügelten Zeichensystemen mit eigener Grammatik und Semantik basieren. Zum Beispiel Licht- und Flaggensignale in der Seefahrt, Rauchsignale bei Indianerstämmen, Morsezeichen in der Telegraphie, ritualisierte Handzeichen bei sakralen Handlungen, Gebärden in der Gehörlosensprache, Geheimzeichen und esoterische Symbole bei Kultgemeinden wie z. B. den Freimaurern. Solche „Sprachen" zeigen, dass menschliche Kommunikation weder auf phonologische Systeme noch auf phonetische Übermittlung angewiesen ist.

Zeichensetzung (Interpunktion)
Zeichensetzung und Zeichensetzungsregeln gibt es – mit wenigen Ausnahmen – in allen Sprachen. Sie dienen dazu, die geschriebene Sprache zu gliedern und ihre Strukturen dadurch besser dekodierbar zu machen. Zudem haben sie den Zweck, in der gesprochenen und gelesenen Sprache für Sprachrhythmus und die in der Sprachgemeinschaft gängigen Intonationsmuster (suprasegmentale Merkmale) zu sorgen. Die Regeln der Zeichensetzung gehören zur Rechtschreibung (→ Orthographie). In Deutschland sind sie durch den *Duden* verbindlich festgelegt, wobei die Verbindlichkeit von der Öffentlichkeit zunehmend missachtet wird und die Zeichen oft nach Gutdünken gesetzt werden. (Vielfach ein Resultat der „verunglückten" Rechtschreibreformen.)

Die Zeichensetzung dient vornehmlich zur Markierung grammatischer Einheiten, so dass Sätze von Teilsätzen, Phrasen und Wörtern unterscheidbar sind und die Über- und Unterordnung (Hierarchisierung) der Teile eines Satzgefüges als bedeutungstragend erkennbar ist. Die wichtigsten Satzzeichen in der deutschen Sprache sind laut *Duden*: **Abstand** (trennt Wörter, aber auch Absätze, indem der erste Satz auf einer neuen Zeile beginnt und das erste Wort dann häufig eingerückt erscheint); **Punkt** (markiert das Ende eines Satzes, wird aber auch als Zeichen hinter Abkürzungen benutzt); **Ellipse** (signalisiert mit drei Punkten innerhalb eines Satzgefüges oder an dessen Ende eine Auslassung); **Semikolon** (kennzeichnet entweder selbständige Teile eines Satzgefüges oder trennt Stichwörter in einer Aufzählung); **Komma** dient der grammatischen Gliederung der Syntax, indem es Haupt- von Nebensätzen trennt, Einschübe und Zusätze kennzeichnet, Aufzählungen unterteilt u. a.; **Klammern** (zeigen als runde Klammern eine Hinzufügung oder Ergänzung in einem laufenden Satz, als eckige Klammern den erläuternden oder korrigierenden Eingriff eines Redaktors; **Gedankenstrich** (dient zur Kennzeichnung einer Pause zwischen einzelnen Wörtern oder innerhalb eines Satzes); **Parenthese** (besteht aus Gedankenstrichen jeweils vor und hinter einem Einschub und setzt diesen optisch und syntaktisch von der laufenden Satzstruktur ab); **Anführungszeichen** (stehen vor und hinter wörtlicher Rede sowie vor und hinter direkten Zitaten; außerdem markieren sie besonderen, unüblichen oder ironischen Sprachgebrauch); **Apostroph** (steht entweder am Wortanfang für ausgelassene Laute oder Buchstaben: *So'n Pech!* Oder er kennzeichnet den Genitiv von artikellos gebrauchten Namen: *Grass' Blechtrommel.*) Der immer häufiger begegnende so genannte Idioten-Apostroph wie in *Rita's kleiner Laden* ist ungrammatisch und eine „denglische" Unsitte, eine Übernahme des sächsischen Genitivs nach der Analogie von *Alice's Restaurant*; **Bindestrich** (kennzeichnet mögliche Verbindungen von ansonsten selbständigen Wörtern: *Automobilclub-Finanzberater*, und beugt Missverständnissen vor: *Druck-Erzeugnis* vs. *Druckerzeugnis*. Darüber hinaus gibt es so genannte bedeutungstragende Zeichen wie das **Fragezeichen** (es markiert in der Regel eine Frage, kann aber auch einen bezweifelten Sachverhalt ausdrücken: *Es soll reines Versehen gewesen sein; reines Versehen?* **Ausrufungszeichen** (steht hinter besonders eindringlich gemeinten Aussagen und zu betonenden Wörtern oder Sätzen: *Welch ein Spinner!*).

Zeitenbildung (Tempus)

Obwohl die Unterscheidung von Gegenwart, Vergangenheit und Zukunft als universal gegebene Fähigkeit des menschlichen Bewusstseins gelten darf, verfahren die Sprachen ganz verschieden mit der Grammatik der Zeitenbildung. Das heißt, was Sprachwissenschaftler als Tempus bezeichnen, stimmt nicht unbedingt mit dem überein, was Wahrnehmung und Denken des Menschen als Zeit registrieren. Zwar sind Präsens (Gegenwart), Präteritum (Vergangenheit) und Futur (Zukunft) sprachwissenschaftlich allgemein gängige Termini, aber eine genauere Analyse sprachlicher Konventionen zeigt abweichende Muster im aktuellen Sprachgebrauch. So kann die Schlagzeile einer deutschen Zeitung durchaus lauten „Ministerpräsident stirbt", obwohl der Tod schon vor dem Zeitpunkt der Drucklegung eingetreten ist (historisches Präsens), oder „Ich gehe morgen zum Arzt" (Präsens anstelle von Futur: „Ich werde morgen...") oder „Er wird sich das schon überlegt haben" (Futur für Vergangenes: „Er hat sich das..."). So verfügt die englische Sprache über die Möglichkeit, die Kategorien Vergangenes und Gegenwärtiges in einer grammatischen Form zum Ausdruck zu bringen: „I have been waiting for you" bedeutet „Ich hab auf dich gewartet", und zwar die ganze Zeit bis jetzt (*progressive tense*). In der französischen Sprache gibt es das *imparfait* im Unterschied zum *passé* simple. Beide drücken Vergangenes aus: das eine zur Kennzeichnung kontinuierlicher Vorgänge, das andere zur Bezeichnung punktueller Ereignisse: « Je dormais doucement quand le téléphone sonna » (Ich schlief sanft, als das Telefon klingelte).

Zensur
Von lat. *censura* = Prüfung, Begutachtung. Zensur im Sinne restriktiver Eingriffe in publizierte Schriften oder deren Verbot wird/wurde ausgeübt von Regierungen, Behörden, kirchlichen oder pädagogischen Institutionen, wenn diese die Inhalte der Schriften aus ideologischen, politischen oder moralischen Gründen missbilligen. Es handelt sich um institutionalisierte Informationskontrolle zur Unterdrückung unerwünschter Meinungen und bekämpfter Positionen. Zensur ist der Versuch einer Lenkung der öffentlichen Meinung in Richtung auf eine bestimmte gesellschaftliche Konformität. Dabei handeln Zensoren nicht nur auf der Grundlage ihrer persönlichen Überzeugungen, sondern wittern meist Bedrohungen des von ihnen vertretenen Welt- und Menschenbilds, oder sie fürchten Angriffe auf ihre eigene Autorität. Ihre Maßnahmen reichen von Verunglimpfung der Autoren, über gerichtliche Klagen, Konfiszierung von Schriften, Druckverbot bis zur Verhaftung der Verfasser und Verbrennung ihrer Bücher. Vorgeschoben wird meist jedoch der Schutz des Publikums vor vermeintlich gefährlichen oder verderblichen Einflüssen → Imprimatur vs. damnatur. Fast alle totalitären und diktatorischen Regime üben in dieser oder jener Form Zensur aus, während aufgeklärte, liberale und demokratische Gesellschaften, die ihre Mitglieder als „mündig" ansehen, darauf verzichten. In Artikel 5, Abs. 1 des Grundgesetzes für die Bundesrepublik Deutschland heißt es: „Eine Zensur findet nicht statt".

Zitat
Von lat. *citare* = aufrufen. Ein Zitat ist die wörtliche Wiedergabe von Wörtern, Begriffen, Teilsätzen, Sätzen oder längeren Passagen aus einem fremden Text. Zitate dienen der Dokumentation wichtiger Sachverhalte oder persönlicher

Meinungen aus den Schriften (oder Reden) anderer Autoren. Die intellektuelle Redlichkeit erfordert, dass Zitate als solche gekennzeichnet, d. h. durch Anführungszeichen markiert und mit dem Namen des zitierten Autors versehen werden. Kommt es auf die fachwissenschaftliche Richtigkeit und Überprüfbarkeit von Daten, Thesen oder Theorien an, verlangen Zitate bibliographische Angaben zu ihren Quellen, die gewöhnlich als Fußnoten erscheinen. Zitate sollten sparsam, wie das Salz in der Suppe, benutzt werden, es sei denn, es sprechen besondere rhetorische oder sachliche Gründe dagegen. Um eine unschöne Häufung von Zitaten zu vermeiden, ist es zulässig, fremdes Gedankengut in eigenen Worten (als Paraphrase) wiederzugeben. Allerdings müssen Autor und Quelle stets deutlich bleiben. Besonders denkwürdige Zitate aus Poesie, Philosophie und Politik werden oft als „geflügelte Worte" berühmt und bedürfen wegen ihrer Bekanntheit dann nicht unbedingt einer Quellenangabe.

Zynismus
So genannt nach der griechischen Philosophenschule der Kyniker. Der Begriff ist verwandt mit dem des → Sarkasmus und bezeichnet eine Geisteshaltung radikaler Skepsis. Der gemeinsame Nenner von Sarkasmus und Zynismus ist die → Ironie. Zyniker halten alle Wahrheiten und Werthaltungen für fragwürdig und tragen ihre Zweifel – mittels der Sprache – in ihr Menschen- und Gesellschaftsbildbild hinein. Ihre Einstellung zur Realität steht in einem antithetischen Verhältnis zum Idealismus und Fanatismus. Ein Beispiel aus den Schriften Arthur Schopenhauers:

Gespräch von Anno 33
A. *Wissen Sie schon das Neueste?*
B. *Was ist passiert?*
A. *Die Welt ist erlöst.*
B. *Was Sie nicht sagen!*
A. *Ja, der liebe Gott hat Menschengestalt angenommen und sich in Jerusalem hinrichten lassen: dadurch ist nun die Welt erlöst und der Teufel geprellt.*
B. *Ei, das ist ja ganz charmant.*